별나라 가는 길

별나라 가는 길
연제식 신부 시화집

초판 인쇄 | 2009년 11월 20일
초판 발행 | 2009년 11월 25일

지은이 | 연제식
펴낸이 | 신현운
펴낸곳 | 연인M&B
디자인 | 이희정
기 획 | 여인화
등 록 | 2000년 3월 7일 제2-3037호
주 소 | 143-874 서울특별시 광진구 자양동 680-25호.(2층)
전 화 | (02)455-3987 팩스 | (02)3437-5975
홈주소 | www.yeoninmb.co.kr
이메일 | yeonin7@hanmail.net

값 27,000원

ⓒ 연제식 2009 Printed in Korea

ISBN 978-89-6253-039-1 03810

이 책은 연인M&B가 저작권자와의 계약에 따라 발행한 것이므로 본사의 허락 없이는 어떠한 형태나 수단으로도 이 책의 내용을 이용하지 못합니다.
잘못된 책은 바꾸어 드립니다.

별나라 가는 길

연제식 신부 시화집

연인 M&B

| 차례 |

첫 번째, 영광의 찬미

단풍의 시새움 _ 12
아멘 _ 14
아버지 _ 16
고백 _ 18
이 밤 _ 20
천리향 _ 21
별나라 가는 길 _ 22
저 새소리 VI _ 24
사랑 시조 _ 25
저 새소리 V _ 26
매미 _ 28
신부 _ 29
저 새소리 VII _ 30

저 새소리 VIII _ 32
봄길 _ 33
이끼꽃 _ 34
아를르의 여인 _ 35
아홉 번째 저 새소리 _ 36
동자꽃 _ 38
빵 _ 39
인연 _ 40
영광과 찬미 _ 42
눈길 맘길 _ 43
꽃밭 _ 44
너 _ 45
꽃사래 _ 46

기도 _ 48
우리 _ 50
바람과 호수 _ 51
나의 가을은 _ 52
강 _ 54
길 _ 55
존재와 사랑 _ 56
그대 _ 58
가을 국화 _ 60
마지막 단풍 _ 62
生 _ 64
님 _ 65
백두산 천지에서 _ 66

빎 _ 68
산들네 _ 69
가을 기도 _ 70
가을 햇살 _ 72
하느님 _ 73
은총 _ 74
축복의 비 _ 76
영원한 저 새소리 _ 77
거대한 플라타너스 _ 78
보리 _ 80
노을과 단풍 _ 82

두 번째, **저 새소리**

겨울 명상 1 _ 86
귀뚜라미 _ 87
별이 되어라 _ 88
부활의 실체 _ 90
江가 _ 92
잠시 얼굴 _ 94
실낙원의 바람 _ 95
지칭개 꽃 _ 96
믿음의 밤길 _ 98
조촐한 차비 _ 99
옹기와 대나무 _ 100
지지 않는 햇살 _ 101
대금 _ 102
어느 봄 비 오는 밤 _ 104
저 새소리 _ 105
겨울 명상 2 _ 106

촛불 _ 108
세월과 변화 _ 109
역시 _ 110
노을 _ 112
밤의 요정 _ 114
날마다 좋은 날 _ 116
모란 _ 118
無常과 충만 _ 119
봄의 합창 _ 120
정다운 가곡 _ 121
왜 별들은 추운 밤에 더 아름다운가? _ 122
완두콩 _ 123
겨울 농사 _ 124
저녁놀 대금 소리 _ 125
모과를 따며 _ 126
겨울 밤 _ 127

사는 법 _ 128
은티 _ 130
고마움 _ 131
또 하나의 별 _ 132
대추 _ 133
노을을 사랑하는 마음 _ 134
어느 성모의 밤 _ 135
이불 _ 136
그대 _ 137
황혼을 바라보며 _ 138
화성이 가장 가까이 오는 밤 _ 140
겨울 자장가 _ 142
햇빛 _ 143
하느님 나라 _ 144
극락초 _ 146
불나방 _ 147

영원히 잊지 못할 기리 _ 148
풍경 _ 149
감따기 _ 150
열매 _ 152
까치 _ 153
당신의 눈길 _ 154
삶 _ 156
때 _ 157
죽음의 향기 _ 158
무제 _ 160
가을비 오는 밤 _ 161
아버지의 황혼 _ 162
별똥 되어 _ 163

세 번째, 상하의 나라에서 쓰는 편지

안녕 코리아 _ 166
진달래 _ 168
잎새 하나 _ 169
파도 _ 170
낙화 1 _ 171
권구완 가는 길 _ 172
금강산 _ 173
모기장 _ 174
망고 _ 175
땅과 하늘의 합창 _ 176
바람 _ 178
뉴기니 니나노 _ 179
늦게 뜬 달 _ 180
낙화 2 _ 182
별이 되는 밤에 _ 183
별과 반딧불 _ 184

낙서 _ 186
사랑 _ 187
앵무새의 노래 _ 188
밤의 고백 _ 190
걸으며 _ 192
사랑과 존재 _ 193
제헌 _ 194
목련 _ 196
상하의 나라에서 쓰는 편지 _ 198
푸른 색채의 죽음 _ 200
젖어 피는 꽃 _ 201
고사목 _ 202
레지오 갔다 오는 산길 _ 204
사실은 _ 205
네가 간 후 _ 206
앱튼강의 곡에 맞춰 _ 207

파도를 잊고 _ 208
맨 처음의 지상에서 _ 210
반딧불 _ 211
향단아 _ 212
어느 선교사의 죽음 _ 214
붓 _ 216
심령의 벨 _ 217
원시림 _ 218
야곱의 우물 _ 220
당신 _ 221
성령송가 _ 222
길 _ 224
개를 기다리며 _ 226
물새를 보며 _ 227
저 새소리 Ⅰ _ 228
저 새소리 Ⅱ _ 229

저 새소리 Ⅲ _ 230
노을을 바라보며 _ 231
저 새소리 Ⅳ _ 232
싸움 _ 233
한여름 밤의 독백 _ 234
삼위일체 대축일 전날 밤에 _ 235
분향 _ 236
날빛 _ 237
어머니시여 _ 238

네 번째, 갈매기의 꿈

보릿바람 감잣바람 _ 240
가을의 수레를 타고 _ 241
작은 새 _ 242
초록빛 _ 243
봄의 신비 _ 244
갈매기의 꿈 _ 245
들국화 _ 246
내 마음 _ 247
봄 처녀 _ 248
한가위 _ 250
최선의 공양 _ 251
풀벌레 _ 252
별 맞춤 _ 253
영원한 초록 _ 254
뻐꾹새 소리 _ 255

어머니 _ 256
옛 꽃터 _ 258
시집살이 노래 _ 260
나비 _ 262
길가에 핀 꽃 _ 265
엄마의 마음은 _ 266
마음이 _ 267
할머니 무덤 _ 268
우리 집 _ 269
기도 _ 270

첫 번째,

영광의 찬미

단풍의 시새움

은퇴 와서 심어놓은
단풍나무 세 그루
이제 내 창앞에 크게 자랐는데
가운데 나무는 단풍이 너무 예뻐
'노을과 단풍'이란 시도 지었는데
작년엔 그 옆에 한 나무도
같이 물들더니
제일 먼저 잎이 나고 싱싱한 나무는
단풍철 다 놓치고 서리 내려야
푸른 잎 주눅들어 죽곤 하더니
급기야 올해는 세 그루 단풍나무
모두 함께 물들기 시작했구나
자신의 아집 내려놓고 자연에 순응하여
이 가을 빛깔로 함께 공명하여
아름다운 단풍의 삼위일체 이뤘나니
새벽이면 잠 깨어 황홀함에 취하고
투명한 햇빛 받아 알 속 붉게 드러내고
저녁이면 노을 더불어 찬미노래 하는구나

사랑은 둘이 아니라 셋이 하는 것
이 계절 단풍의 시새움 넘어
깨달음의 빛깔로 이몸 물들이나니
자비의 색채로 이맘 침잠케 하나니
단풍의 시새움 넘고 넘어……

아 멘

내가 있어 내 앞길
내 뜻대로 하려 말고
주님께서 내 앞길
주님께서 하소서

내가 있어 나의 길
내가 걷게 마옵시고
주님 계셔 나의 길
주님 걸어 가소서

내가 있어 나의 일
내가 성취케 마옵시고
주님 계셔 나의 일
주님 성취 하소서

내가 있어 나의 잠
내가 자게 마옵시고
주님께서 나의 잠
주님 편히 쉬소서
아멘

아버지

솜같이 부드러운
아버지의 머리를 깎아드리며
솜 같이 따스한 아버지의 사랑을 느꼈네
별 말씀 없이 행함으로
익어가던 자비심이
노년에는 황혼으로 무르익어
모든 걸 포용하는 넉넉한 품이 되었네
아버지는 솜처럼 가볍게 날아가시고
나 이제 그때 아버지의 모습으로 저물어가나니
속으론 눈물 더욱 뜨거워 지고
겉으론 평온한 주름 골 깊어 가네
이것 너머 무엇이 있을까?
저것 무너지면 무엇이 남을까?
강아지도 아이들도 내 손길 마다 않고
팔을 벌리면 기쁘게 안겨오네
나도 이제 넉넉한 산이 되어
말 없이 품어 기르는 하느님 되려나?
최선의 하느님 최선의 길로 이끄시는
최선의 아버지 되려나?
솜같이 가볍고 부드러워
민들레 꽃씨처럼 사라지신
그리운 아버지‥‥

고 백

바나나 잘라간 놈이
바나나 잘라갔다고 고백을 하고
아직 덜 익었는데 가져오겠습니다 하면
아니다
익걸랑 먹으려무나 하고는
속으론 한국말로
여편네 하고 새끼하고
잘 처먹어라 하면서
사죄경을 염해 준다

이 밤

이 밤
내 영혼의 등대 같은
반딧불 있다
이 밤
최선의 하느님 같은
빛이 있다
이 밤
희망의
호랑쥐바퀴
소리가 있다
그리고 하늘엔
별
별!
이 밤
나의 천국엔
에덴 같은
고요가 있다.

천리향

천리향이 꽃으로 피어
향기를 토해내고 있다
천리향은 어느 천리에서 왔는가?
한 번 향기를 맡으면
또 맡기도 뭣하고
안 맡기도 뭣한데
향기란 원래 그런 것인가?
있는 것도 아니고 없는 것도 아닌데
향기란 원래 그런 것인가?
삶의 향기도 그런 것인가?
겨울 창가에 오로지 천리향 화분 하나
추위 속에 선뜻선뜻
은밀한 향기 스미고 지네.

별나라 가는 길

창 밖의 별을 보고 잠들 수 있음은
얼마나 복된 삶인가
잠 깨면 또 다시 별이 보이니
얼마나 고마운 일인가
별들의 언어는 고요하고 신비로워
더욱 알 수 없는 깊이로 이끌어가네
나는 별과 함께 태어나
별을 보며 살다가
별의 품에 안기리
별들의 세계는 영혼의 세계
별들의 나라는 기쁨의 나라
별들은 눈동자 별들은 호수
눈물로 씻어진 깨달음의 진주
별이 내리는 창가에 누워
쪽배를 타고서 무의식의 은하계로 가리
별은 나와 친하니까
내 사랑 모두 별이 되었기에
별나라 가는 길은 얼마나 설레이는가

저 새소리 VI

밤도 낮처럼 쓰고
달도 해처럼 쬐자
고통이 없는 곳엔 천국도 없고
인연이 없는 곳엔 사랑도 없네
자연은 변화무쌍
그리고 늘 충만함
나무들 같은 순간순간이
영원의 숲을 이루네
사촌누나는 관세음보살
나는 아기 동자
개도 자고 새도 자고
시계만 깨어 있는데
달도 밝고 물소리 멀다
깊이 잠든 새소리
저 새소리.

사랑 시조

눈물로 젖은 사랑 뜰 앞에 펼쳐놓고
꽃잎에 나비같이 봄볕에 앉았으니
님의 입김 바람 되어 얼굴을 스치시네

님이신가 바람인가 스쳐 흘러가지만
굽이굽이 세월 속에 매듭진 인연
태초가 영원인 양 순간으로 빛나네.

매미

재가 욕해유
누가?
매미가
매미야 왜 욕하냐?
매미;
아이씨 아이씨 아이씨 아이씨
나는 본다
나는 봐!
보이느냐?

신 부

내가 신부다 신부다 할 때는
네가 신부냐 신부냐 하더니
신부이기를 포기하니까
신부님 신부님 하더라

저 새소리 VII

내 시선이 머무는 곳은
예수님의 무덤
거기
흰 천에 감겨 알몸으로 누워 있고
가시관도
못도
없다

내 마음이 머무는 곳은
예수님 무덤
거기
빛도
음악도
시간도
없다

내 영혼이 머무는 곳은
예수님 무덤
성부도 말이 없고
성자도 말이 없고
성령도 말이 없다

내 시선이 머무는 곳은
예수님 무덤
거기
천사도 있고
성인도 있고
아는 사람도 다 있고
아침 새소리
막 열리려는 듯하다.

저 새소리 Ⅷ

'남자는 변하지 않아' 라고
목놓아 부르던 이태리 여가수는
삼 년 뒤 약물중독으로 목숨을 끊고
피맺힌 허스키 목소리만
라디오 FM을 통해 절절히 흐르네
남자가 변하길 바라는가?
女子여!
여자가 변하길 바라는가?
男子여!
강아지 한 마리 내 맘처럼
변화시킬 수 없는데
콩이 팥이 될 수는 없는데
나도 목을 끊어 목소리만 놓아버리고
변할 건 아무것도 없는데
꾀꼬리도 종달새도
울다 죽는가?
너도 나도 꿩도 닭도
저 새소리도?

봄길

나는 너에게 꿈길 같고
너는 나에게 봄길 같은데
꿈길에 야자수 잎새 드리우고
봄길에 진달래 피어 웃는데
꿈 깨어 봄 가는 길목 돌아도
잎새 바람에 흩날리는 진달래향기
아! 따스한 봄볕
찬란히 빛나는 봄의 색채
산새 또렷하고 약동의 힘 충만한데
버들 움트고 강아지 한가로워
그대 봄길 날 같으시라
나의 꿈길 그대 같을지니

이끼꽃

봄도 오지 않았는데
응달엔 얼음도 안 녹았는데
어느새 이끼꽃 피었다 지고
초록색 이끼만 한창이구나
너의 때는 나의 때와 같지 않구나
나의 시작은 벌써 너의 끝
끝과 시작도 다르지 않구나
누구의 한창은 누구의 몰락
한창과 몰락도 다르지 않구나
봄볕 점점 맑아지고
새순 점점 돋아나는데
나는 봄볕 같고
너는 봄바람 같구나
나는 봄동산 같고
너는 봄나비 같구나
이끼꽃 벌써
시들어도…….

아를르의 여인

폭풍 같은 하루의 끝이
왜 이렇게 즐겁고 고요한가?
무겁고 아팠던 머리가
왜 이렇게 개운하고 상쾌한가?
엉켰던 실타래를
한 올 한 올 풀어가듯
엉켰던 나뭇가지를
삼단 머릿결처럼
아름답게 빗겨놓았네
고통의 이슬은 깨달음인가?
다 버리고 다 껴안아 보듬어
사리 같은 진주가
가슴에 꽃비져 내리는가?
십자가의 끝은 부활인가?
비제의 아를르의 여인은 흐르는데…….

아홉번째 저 새소리

꽃처럼 아름다운 사람
단풍처럼 황홀한 사람
낙엽처럼 가벼운 사람
눈처럼 하얀 사람
그대 그리움으로 오늘을 사네
그대 그리움으로 시간이 흐르네

꽃 지고 단풍지고 눈이 쌓이나
삶의 뜨락에는 달빛만 고여
그리움으로 그리움으로 깊어가는 나날
새 소리 어디메 들리는가?
저 새소리 아직도 지저귀는가?
사람과 사람으로
산과 바다로 감정이 흐르고
흐름과 흐름 속에 영원이 있는데

아! 오늘은 빛나고
너는 사랑스럽다
꽃처럼 어여쁜 사람아
단풍처럼 황홀한 사람아

동자꽃

동자꽃 너무도
예쁘게 피어
산길 지루하지 않구나

내 마음
동자꽃마냥 아름다우면
인생길
외롭지 않겠구나

빵

빵을 먹고
봉지를 본다
봉지 바닥에 빵부스러기들
'저를 먹어주세요, 기다렸어요'
빵 부스러기를 입에 넣는다
고맙다.

인연

주님께서 주신 인연
주님 손에 맡기리라
그리움이면 그리움 품고
애틋함이면 애틋함 품고
아픔이면 아픔 새기며
노을에 젖어드는 하늘처럼
하염없이 살아가리라
하루하루 살다 보면
천년 별거 아냐
하루가 천년인데

초승달의 예리한 달빛이
가슴을 파고드는 밤
우리가 무엇을 학습하려고
이생에서 만났는가
모든 육체의 무덤을 지나
영혼의 지평으로 사라짐
영원한 반주자!
음악에……
노을 지는 전정각산 산날맹이를
손잡고 바람 따라 내달렸지

해는 지고 인적 고요한데
어디로 향하는 고단한 발길인가?
산은 먹처럼 검고 눈은 희디희다.

영광과 찬미

불라면 불지요
안 불라면 안 불지요
불어도 되고 안 불어도 됩니다

바람이 불면 흔들리지요
안 불면 가만히 있지요
흔들려도 되고 가만히 있어도 됩니다

저는 그대로 그냥 그대로
당신 영광의 찬미일 뿐입니다

눈길 맘길

비에 젖지 않는 연꽃이라 생각했는데
가랑비에도 몸 젖는 종이 연꽃
그물에 걸림 없는 바람이라 여겼는데
구멍마다 황소바람 들어오고
고함 소리에 놀라지 않는 사자라 믿었는데
개 소리 닭 소리 풀벌레 소리에
잠 못 이루는 중생일세
이로써 또한 고마움 느끼나니
그냥 그대로 받아 안아 즐거우리
사랑의 눈길 느끼며
눈길 속 맘길 걸으며…….

꽃밭

정원에 이팝나무 심고
쌀밥 먹으며 살리라
뜰 앞에 후박나무 심고
후덕스럽게 살리라

호박넝쿨 올라가면 호박 같은 세상
완두콩 익을 때면 함께 여물어
달맞이꽃마냥 달맞이하고
초롱꽃 필 때면 맘 초롱 불 켜고
동자꽃 같은 아기 동자 되어
민들레꽃처럼 질기게 살리라

아무렴 꽃이야 언제나 피지
핀 꽃은 언제고 시들겠지만
열매로 살아서 영원한 게지
꽃이 예쁘게 많이 피어도
그건 모두 다 내 마음의 꽃
마음 꽃 언제나 여실히 피어
세상은 온통 꽃밭인 게지.

너

너를 만나고자 살아온 길
처음부터 내 안에 있었지만
이제야 명확히 드러난 너

너를 알고자 걸어온 길
처음부터 내 안에 있었지만
이제야 확실히 알게된 너

너와 하나되고자 존재한 삶
처음부터 내 안에 있었지만
이제야 온전히 하나된 너

꽃사래

우주를 돌다돌다 어느 별에서
꽃사래 손짓하여 날 부르기에
강변에 내려앉아 햇살 받으며
꽃밭을 하염없이 바라보았네

마음은 맑고 깊은 창포빛 하늘
존재는 시작 없는 순간과 영원
인연은 우연 아닌 필연의 만남
사랑은 풀 수 없는 끝없는 화두

강가에 해 저물어 물 고요한데
말 없는 산 그림자 어둠에 쉬네
은하수 강물따라 하늘에 흘러
보석별 반짝이며 또 손짓하네

기도

주님!
저희가 올바로 사랑하게 하소서
티 없이 사랑하게 하소서
순수한 사랑으로 사랑하게 하소서
타다 꺼지면 재가 되는 것을
사랑이라 착각하지 않게 하소서
그러나 이런 것 또한 무시하지 않게 하소서
육체를 통해 사랑하되
육체를 넘어서 사랑하게 하소서
달콤함과 쓸쓸함이 하나임을 알게 하시며
숨 가쁜 달음질과 걸음과 쉼이
다 은총의 여유가 되게 하소서
우리의 사랑이 주변에 이로움이 되게 하시며
누구의 마음도 상함 없게 하시며
삼위일체의 사랑 안에 잠기게 하소서
사랑이 뜨거운 불길일지라도
은은한 빛이 되게 하시며
마음과 마음으로 하나 되어
투명한 합일로 조화롭게 하소서
처음과 지금이 여일하듯
지금과 영원이 여일하게 하시며
믿고 바라고 사랑함에

지치지 않게 하시며
최선의 하느님 안에
최선이 되게 하소서
아멘.

나의 가을은

코스모스 피는 나의 가을은
언덕 넘어 서늘한 바람으로 오고
바람 맞이하는 나의 마음은
너의 빛깔 꽃보다 더 선연하고

벼들이 무르익는 나의 가을은
황금빛 찬란한 사랑으로 익어
굽이굽이 파도 되어 넘쳐 퍼지고

하 많은 세월도 흘러 왔는데
그 많은 어려움도 넘어 왔는데
투명한 슬픔도 견뎌 왔는데

다시금 가을은 이슬 같이 내리고
차가운 이마 위에 파란 하늘 머물고
나는 가을로 저물어 가고
코스모스 피는 나의 가을은 ‥‥

강

강물아 흘러라
고요히 흘러라
쉼없이 흘러라
말없이 흘러라

세월아 흘러라
고요히 흘러라
쉼없이 흘러라
말없이 흘러라

내 맘도 흘러라
고요히 흘러라
쉼없이 흘러라
말없이 흘러라

흐름도 없어라
멈춤도 없어라
쉼도 말도 없어라
없음도 없어라.

길

이렇게 가리라 다 보내고
뒤늦게 홀로 천천히 가리라
노을진 하늘보다
더 적막한 오후
개량한복에 털신 신고
쉬엄쉬엄 가리라
진달래 꽃도 한 움큼 따 먹으며
옹달샘 만나면
엎드려 물 한 모금 마시고
이따금 눈가에 날파리 쫓으며
산길 호젓이 홀로 가듯
내 인생의 노년길
그렇게 가리라

존재와 사랑

온몸으로 진실되게 받아들이자
슬픔이면 슬픔
그리움이면 그리움
삶의 무늬 아로새기며
눈물이면 눈물
침 삼킴이면 침 삼킴
어떤 땐 별처럼 아득하다가
어떤 땐 꿈처럼 몽롱하다가
견딜 수 있게만 아프게
우리는 진화해 왔다고 말하지만
모든 것은 영원과 심연
살수록 모르는 삶
갈수록 알 수 없는 길
그러나 흰 눈 덮인 산야에 영롱히 별 뜨는 밤
브람스의 음악은 흐르고
흐르고 지나가고
결국은 남고
하루는 무엇으로 덮는가?
잠은 무엇으로 채우는가?
사랑은 무엇으로 이루는가?

입가에 엷게 번지는 미소
온몸으로 진실되게 받아들이자
존재와 축복
존재와 사랑.

그 대

그대 가을이면 들꽃으로 오세요
저무는 대지에 향기를 주세요

그대 겨울이면 흰 눈으로 오세요
메마른 가지에 축복을 주세요

향기와 빛으로 삶은 도타웁고
그대가 계심으로 마음 넉넉하네요

그대 봄이면 진달래로 오세요
어머니 얼굴 같은 미소를 주세요

그대 초여름엔 초록으로 오세요
점점 짙어가는 사랑을 주세요

가을 국화

그대 봄 편지 싣고 오는 날에
나는 가을 국화 향기 토하고
그대 구름사이 햇살 바라볼 때
나는 해 넘어 별빛 담는다
심장의 깊이 얼마나 될까 ?
빛보다 빠른 생각 어디서 오나 ?

멀고 가까움 순간과 영원
너와 나 그리고 하느님 하느님
길은 곧고 차는 많은데
가고 오고 달리다 멈추면
황금빛 들판에 메뚜기 튀고
사과의 가슴엔 꿀이 고인다

가을 볕 평안하고 자비로워
알알이 여물어 쌓이는데
아름다움 위에 무엇이 있나 ?
존재의 신비 너머 닿는 시선 있을까 ?
나는 갈수록 알 수 없고
너는 올수록 볼 수 없네

그대 가을비 걷는 날에
나는 봄비 함께 맞고
그대 눈길 위 서는 날에
나는 찍히는 발자국 되리
그대 늘 내겐 봄편지
나는 늘 네겐 가을국화

마지막 단풍

이미 화려한 단풍은 다 져버리고
노란 은행잎도 떨어져 버리고
차갑고 스산한 바람 스밀 때
마지막 단풍 요란함 없이
슬며시 지긋하게 물들어온다

결국 다 져버리고 벗어버리겠지만
그래도 다 보내고 여유롭게 허허로움으로
은은히 자기만의 빛깔 내보이며
마지막 단풍 의연하게 저물어간다

이 가을 이만하면 되지 않겠는가?
이 고요하고 단단한 내공으로
땅을 기름지게 다져나가는
나무들 뿌리와 잎새들
이만하면 중생의 해탈과 생명의 조화는
완벽하지 아니한가?

이제 1악장이 끝나고
2악장이 시작될 때다
디스크자키가 알려주었다

빠른 격정의 프레스토는 끝나고
느린 아다지오 악장이다
아다지오는 여유 있고 평안하고 아름답다

이제 마지막 단풍이 스러지면
침묵의 겨울은 봄을 잉태할 것이다
교향악은 장을 달리할 뿐
결코 끝나지 않는다
지금은 마지막 단풍의 계절…….

生

이 생애
이대로
끝나면

저 생애
저대로
오겠지

지금도
좋지만

더
좋게.

님

님이시여 당신은
그 언제부터
그냥 그렇게 계셨었는지

님이시여 당신이
어디에서나
눈길 맘길 오롯이 빛이었는지

님이시여 당신이
계시는 곳에
나도 그냥 그렇게 있으오리다.

백두산 천지에서

백두산 천지에서 너를 부른다
백두산 심장 안에 천지가 안겨 있듯
나의 가슴 안에 너는 안겨 고요하고
하늘은 축복으로 맑아 상쾌하고 빛난다

검은 나비 두 마리 만병초 위로 날고
장군봉 오르는 길 푸르긴 하염없고
평평하고 빽빽하고
평안하고 채곡하고
광활하고 신비롭다

두만강 송화강 압록강의 삼위일체
천지의 젖줄 되어 흘러내리면
시리고 맑은 물에 숲은 무성하고
남과 북 우리 서로 심장에 남는 사람

비행기 땅을 박차고 날아 오른다
백두산 천지에서 한라산까지
나의 가슴에서 너의 심장까지

빎

주님! 오직 주님
님으로 해 존재함
님으로 해 사랑함
님의 현존 새록새록
호흡 같이 눈 깜빡임 같이
느끼고 잠기게 하소서

주님! 오직 주님
님으로 해 감사함
님으로 해 든든함
님의 자비 언뜻언뜻
바람 같이 햇볕 같이
쪼이고 살피게 하소서

주님! 오직 주님
님으로 해 내 사랑
님으로 해 모든 인연
님의 품에 함께 품어
새싹 같이 열매 같이
생생하게 하소서
듬실하게 하소서.

산들네

산에서 바람 불 때 산은 나부껴
들에서 꽃이 필 때 꽃은 빙그레
너와 나 사랑으로 눈길 닿으면
꽃 피고 바람 불어 산들네 되네.

가을 기도

오늘 하루 나를 죽여 우리로 부활하여
너는 그곳에 나는 이곳에
그러나 함께 빛나게 하시고
가을 국화 속 고독의 향기 맡으며
푸르른 하늘 우러르게 하소서

남의 길 시기하지 않고
나의 길 곧게 하시며
그로인해 교만에 기울지 말게 하시며
이생의 약속 충실하여
영생의 사랑 얻게 하소서
죄의식을 자비의 믿음으로 뛰어넘지 못하면
우리의 믿음 아무 소용없으니
혹독한 겨울일지라도
얼음장 밑으로 물 녹아 흐르게 하시며
보름달 바라보며 순한 맘 넓히게 하소서

가을바람에 잎 보내는 나무들 같이
보내는 시절 인연 미련 없게 하시며
오늘에 충실하여 지금을 살지라도
영원을 향하여 믿음 두게 하소서

가을 기도 산 물 같고
가을 찬양 풀벌레 같고
가을 마음 성삼 같게 하소서
하나로 조화롭게 하소서. 아멘.

가을 햇살

가을볕 받고
능금이 환하게 웃고 있다
하늘은 푸르고 맑아
대지의 영혼은 투명하고
다소곳 고개 떨군 벼 이삭들
삶의 마감을 충만으로 갈무리한다
이제 막 단풍 들려는가?
자홍빛 바람 가까이 오고
메밀 잠자리 떼 무수히 비행하며
가벼운 맘으로 날아오르라 한다
아픔이야 마디마디
무늬로 아롱져 있으련만
흐르는 세월 속에 고마운 인연들
사랑으로 향기로워라
나 이제 넉넉한
하늘 닮을 일만 남았으니
신비로운 설레임으로
가을 햇살 쪼이고 있네
그냥 감사할 뿐이네.

하느님

하느님이 왜 숨어 계시겠는가?
저렇게 수없이 돋아나는
새 순들의 여리고 강한 의지로
눈부시게 피어오르는 것을……

하느님이 왜 숨어 계시겠는가?
뻐꾹새 후투새 참새 소리들로
늘상 새롭게 지저귀시는 것을……

하느님이 어찌 숨어 계시겠는가?
해의 얼굴 달의 얼굴
별들의 눈빛으로
선연히 응시하고 미소 지으시는 것을……

하느님이 언제 숨어 계신다고 하셨는가?
눈먼 사람들이
눈뜨고 안 보인다
들려도 안 들린다 할 뿐
그냥 보이시네
그냥 들리시네.

은총

어쩜 저렇게
태양이
홀랑 익었을까
홍시 처럼

한 입 베어 물면 입안 가득
감미로움이 목줄 타고 흐르는데

무엇이 그리 바빠
익은 감도 못 따먹고
배고파 하는가?
목말라 하는가?

칡꽃 향긋한 오솔길 가면
산딸기 피처럼 방울 맺히고
저녁까지 나즉히 하늘 나는데

익은 태양 유월의 예수마음 같고
나는 불타는 은총 같구나
노을 속 걷는 사랑 같구나

축복의 비

축복이 내린다
바람에 흔들리며 내려온다
축복을 맞이한다
손을 벌려 몸을 출렁이며
나무도 풀도 꽃도 맞이한다
바람 타고 내려오는 축복의 비는
아낌없이 골고루 사랑을 뿌린다
목마른 만큼의 고마움으로
기다린 애태움의 눈물겨움으로
땅의 아이들은 엄마를 반긴다
비를 머금은 구름 여유로이 하늘을 돌며
산을 감싸며
음악처럼 흐르고 새처럼 자유롭다
씨튼 영성의 집 창가에 앉아
계룡산 넘나드는 비구름을 보며
녹차를 마신다, 축복을 마신다
바람에 안겨 비를 마시고
엄마의 숨결 나무들의 흔들림을 마신다
꽃처럼 나는 한 송이
축복의 비에 볼 붉히는 아이
짐이 가벼운 이승의 길손.

영원한 저 새소리

지는 꽃 애처로워
피는 꽃 서러우랴
필 땐 피고 질 땐 지고
불생불멸이거늘
늙는 것 안타까워
젊은 날 애태우랴
젊음도 늙음도
불구부정이거늘
아름다운 사철의 음악 저 새소리
생명의 소리 기쁨의 소리 저 새소리
어디 부증불감 있으랴
어디고 불생불멸 아니랴
피는 꽃 묘연하고 낙화 또한 오묘한데
보이는 것 안 보이는 것 다 그윽한 신비로움
차가운 세상에 있는 천국에 머무는 사랑
누리며 나누며 믿으며 의지하며
차가운 세상 고마운 이승의 마지막 동반자
지는 꽃 아름답고 피는 꽃 눈부신데
햇볕 여일하고 바람 시원한데
그대 내 마음에 언제나 피고 피고
영원한 저 새소리 언제나 들려오고……

거대한 플라타나스

어느 폐교된 학교 마당에
거대한 플라타나스여
이 가을 단풍든 너의 모습은
얼마나 황홀한 몸짓인가?
초록빛 아이들 목소리 그치고
적막 강산에 벌레 소리 뿐
푸른 하늘에 불타는 잎새들이
황금 햇살의 은총을 흩뿌리며
나의 시선을 초월케 하느니
너와 하나되는 이 순간 곧바로
나 또한 영원일 뿐 일레라
세상은 하나의
거대한 플라타나스
불타오르는 황홀한 몸짓····

보리

보리가 죽었다
보리는 나를 따르던 개였다
스님이 7년간 기르시다
"내가 못 기르게 되면
연 신부님께 갖다 드려라"는
말씀을 하시고
며칠 후 교통사고로 돌아가셨다
그래서 보살님이 내게 가져왔었다
그놈은 다른 개들과 달랐다
먹다가 누구에게라도 다 양보했고
암자의 스님처럼 홀로이기를 즐겼다
차타기를 좋아했고
내 손길을 기다렸다
그렇게 5년 함께 살다
숨이 가쁘고 복수가 차
병원에 다녀오는 길에 죽었다
내 옆에 누워 나를 바라보다가
숨이 잦아들어
한 손을 그의 몸에 얹고
한 손으로 운전했다

은행나무 밑에 그를 묻어준 날 저녁은
유난히 노을이 맑고 고왔다
보리는 갔으나 보리는 남았다
노을처럼
그리고 풀벌레의 청량한 음성으로…….

노을과 단풍

인생의 단풍이 들어야
붉은 단풍을 그릴 수 있네
삶의 노을이 짙어갈 때
비로서 노을을 바라볼 수 있네
그냥 그대로
금빛 찬란하게
미련 없이 여운도 없이
우주가 단풍들고
마음이 노을인것을
이 가을 왜 이다지도
풍요롭고 한가로운가
단풍들어 노을이 불타는가?

두 번째,

저 새소리

겨울 명상 1

산과 산들이 끊임없이 이어지고
참나무 가지들이 이어지고
세월도 그렇게 이어지는데
바람도 구름도 일고 스러져
작은 산새 눈 속 양지에 깃을 묻는다
진달래 꽃지리에 진달래 숨결
개나리 꽃터엔 개나리의 꿈
산까치 두 마리 기댄 가슴속으로
온기가 흐른다
너는 언제부터 너였는가?
나는 언제까지 나일런가?
언제부터 봄이고 언제까지 겨울인가?
철새가 날아가고 다음 철새가 올 동안
그 빈 자리에 침묵이 흐른다
쌓인 눈 밑으로 흐르는 물결
먼 태양은 언제고 따스한 겨울의 벗
가난한 나무 한 그루
눈밭 그 언덕에 잠들어 있다.

귀뚜라미

이 밤 섬돌 밑 귀뚜리 들으며
잃었던 당신을 이제 찾고
잃었던 가을을 다시 찾습니다
지리한 장마 걷히고
그토록 오랜 빗소리에 먼 귀 열리어
초가을 밤 안개 속으로 피어오르는 당신
그 정갈한 밤의 소리를 듣습니다
가을은 마음의 앙심을 푸는 때
여름이 열기를 식히는 때
밤닭 소리에 영혼이 움트는 때
귀뚜리 소리에 잃은 동심을 희생하는 때
은총의 밤안개 그 소리없는 침묵으로부터……
눈물의 밤이슬 그 다옥한 강림으로부터……
마음의 조약돌 꺼내 하나씩 밤의 호수에 던집니다
이 가을 당신 품으로 떠난 마지막 여인의 모습까지도
차츰 잃어가는 가을 들판처럼
빈 대지 위에 노오란 들국화 향기만 가득하게 하소서
섬돌 밑 귀뚜리 정갈한 음성에
깊은 가을의 고요 속에서 걸어갑니다.

별이 되어라

떠나 가거라
가서
하나의 별이 되어라
깊히 깊히 가슴에 박힌
알 수 없는 슬픔과 그리움의 가시
그리고 이마에 상흔 남기고
떠나 가거라
수억 광년 멀고 저 높은 곳에
가서 하나의 별이 되어라
동산에 진달래 으스러히 피고
잔디 새로 클로버 돋아나니
상하의 나라에서 태평양 파도넘어 너를그리듯
파도 잠재우는 갈매기 울음만 남기고
어차피 이승에서 다 할 수 없는 사랑
별이 되어라
고요한 밤 하늘 우러러
맑은 마음으로만 바라 볼 수 있는
너는 나의
별이 되어라

부활의 실체

막다른 골목
벼랑 끝
거기 매달리는
한 방울 눈물
그 뜨거움의
온도를 느껴 본 사람은
알리라
人力이 다하여
오로지 天命에로
가녀린 핏줄이 흐르는
두 손을 한없이 포개온
사람은 알리라
비단 폭처럼
에고가 찢어지고
바위에 깨지는 달걀마냥
자아가 쪼개질 때
육체의 송진이 다하여
숨결이 깜빡이는 순간
태양의 山에서 광채가 터져
眞我가 밝아옴을 느끼리라

이것이 믿음의 力學
부활의 실체이니
벼랑 끝 난초 향기를
몸 바쳐 사랑하는
사람은 알리라.

江가

언제부턴가 나는
눈물이 메말라 버렸네
눈에 이슬이 맺히질 않네
그러나 하나의 깊고 그윽한
江 조용히 흐르네
나는 눈물이 없는 냉혈동물
부드러운 말씨도 고운 미소도 잊었네
그러나 하나의 깊고 그윽한 江
조용히 내 안에 흐르네
내 젊음이 녹아 흐르고
나의 추억이 녹아 흐르고
빠뿌아 뉴기니가 녹아 흐르고
무수한 눈물이 녹아 흐르고
나의 아픔과 한숨과 침묵이 녹아 흐르는
짜디짠 마음의 江
강에 달빛이 비치네
야자수 잎새가 드리워지네
수억의 손수건이 江가 나무에 펄럭이고
앵무새 우짖으며 그 위를 나네
이제 나는 눈물 없는 냉혈동물
짜디짠 영혼의 물 소리 들으며
江가에 나의 영혼을 드리우네

붉게 물드는 충혈된 눈빛 속에
영혼의 낙조를 드리우네
바람 부는 나의 江가
마지막 地上
그 이승의 언덕에 서서

잠시 얼굴

코를 횅 풀다
붉은 코피 자목련 꽃 터지던 날
한 코 틀어막고 올려다본 하얀 천정 위
거미줄에 매달렸던 그 얼굴
침침한 성당 나지막한 창 사이로
내려앉는 노을빛에 잠시 붉었다 사라진 얼굴
뉴기니 오월 쏟아지는 별밭 너머
오페라좌의 군성으로 들려오던
합창 같은 그 얼굴
스치는 유성처럼
그러나 이제 초면이 아닌
본 듯한 그 얼굴
놓치지 않으리
속지 않으리
잠시 얼굴
그 영원한 그리움.

실낙원의 바람

이제 남은건 노을 뿐이네
물흐르듯 바람흐르듯 들꽃 사이를 지나
빛깔도 무심한 구름을 따라
세월 사이 조용히 지나감 뿐이네
어둠에 산자락 가라앉듯
욕심을 토하는 구토의 아픔과 폭풍우지나
자연과 흙과 붉은 고추밭
늦가을 잠자리 투명한 나래짓처럼
이제 남은건 비움 뿐이네
육체의 허물을 벗는
고요한 영혼의 눈길 뿐이네
실낙원의 바람 뿐이네

지칭개 꽃

네 잎은 쓰고 껄끄럽고 가시 돋쳤더라
인적 없고 볕 없는 산속 숲속
새 소리 외로운 곳에 홀로 피었더라
지칭개 꽃
소나무 말라 비틀어져 가던 소나무
그래도 새 잎 돋아 다 죽진 않고 살긴 사는데
조국 처럼 민중 처럼 살긴 사는데
세상에선 미쳐 지칭개라 하는 너
목을 학처럼 뽑아
숲 바람 따라 일렁이느니
한스럽고 슬픈 보라빛 절개의 꽃
아름답고 미친 지칭개 꽃
나는 너를 꺾지 않으리
목을 잘라 화병에 꽂지 않으리
가슴 풀 길 없어 땀 흘려 산에 오르는 자
너를 만나 고통의 보라 빛 물들도록
밤에도 별 보고 기도 하거라
새벽 이슬에 몸 씻어 정결하거라

미친 가슴 함께 미쳐 같이 우는 꽃
지청개 꽃 나의 거룩한 님아
그리스도 향기 나는 골고타의 꽃

믿음의 밤길

이승보다 가까운
저승입니다
어머니
당신이 아버지를 따라 총총히 가신 뒤
고향의 교회 묘지엔
성당을 향해 합장한 봉분이 햇살을 받고
이승에 남은 자녀들 가슴엔
어머니의 사랑만 봉분처럼 솟았습니다
흙으로 빚어 흙으로 남은 육체는 떠나 어머니의 넋은
유월의 대지에 향기 짙은 장미로
떨기져 타오르는데
어머니 가슴에 마지막 노자성체
엠마오의 주님으로 나의 손 이끄시니
이제 두려움 없습니다
삶은 은총일 뿐
죽음도 나의 어머니
오직 믿음의 밤길뿐입니다.

조촐한 차비

또 다시 서늘한 바람이 불면
영혼의 또락에 가랑잎 구울고
떨어지지 못한 몇 개의 잎들이
마지막 인연을 다해가고 있다
이제 조촐히 떠날 차비를 한다
불영계곡 너머
나의 부엉이가 나의 이름을 부를곳으로

옹기와 대나무

흙의 빛깔이 하두 좋아서
옹기 찻잔을 들여다봅니다
대바람 소리 하두 좋아서
대금을 불고 붑니다
흙과 대나무
물과 바람과 땀과 수고가 어울림 되어
어눌한 빛깔과 신비의 소리로 뿜어 나옵니다
누구의 얼굴 누구의 가슴이
누구의 손가락 누구의 입술이
이리도 곱고 다정하고 떨리며
편안케 하느뇨?
찻잔 속의 찻물은
天地의 호수처럼 맑고 그윽하여
영혼을 기르나니
불어라 대바람 소리
낙엽 지고 꽃 지는 소리
노을에 물든 금빛 나래짓 소리
치졸한 옹기와 텅 빈 대나무
무엇이며 누구인가?

지지 않는 햇살

우리 눈으로는
껍질밖에 보지 못하지만
또 하나의 눈 영혼의 눈으로는
마음을 볼 수가 있어요
아침마다 떠오르는 태양도 아름답지만
또 하나의 태양
지지 않는 마음의 태양은
더욱 아름다워요
언제부턴가 나의 눈동자는
마음의 눈과 하나가 되기 시작했어요
가을 미풍처럼
나의 숨결이 고르어질 때
영원에서 영원으로 흐르는
빛의 파장을 눈으로 느껴요
주님은 영이시기에
영적으로 예배하는 자를 찾고 계세요
마음의 눈으로 주님을 응시하는
슬기로운 영혼을 찾고 계세요
악의가 없고 적개심이 없는 내 마음에
지지 않는 햇살이 가득해요
언제나…….

어느 봄 비 오는 밤

비 오는 밤이면
눈물 흘리기에 좋다
밤비 촉촉이 마른 가지를 적시며
굳은 땅 부드럽게 녹이고
잠든 생명 속삭여 깨우는 밤이면
살며시 일어나 빗소리 들으며
나의 영혼도 말없이 비에 젖는다
가만히 흐르는 눈물 그 따스한 온기
남은 욕심의 조각들이 녹아 흐르며
은혜로운 축복의 대지와 하나가 된다
비와 눈물은 하나의 축복
봄과 마음도 하나의 생명
너와 나는 없다
하나의 우리만이 비요 눈물이다
말 없는 비와 생각 없는 마음
대자대비의 바다로 함께 흐르고
풀잎이 싹트고 깨달음이 움튼다
어느 봄 비 오는 밤
정갈한 비에 젖어
흐르는 눈물은 작은 옹달샘
그리고…….

저 새소리

낮보다 고운 밤 달밤
영혼의 창가에 달빛 들어
어둠 몰아 내고
달빛 타고 오는 밤새 소리
내려 앉는다
끊일듯 이어지는 저 새소리
차마 잠들지 못하고
약수처럼 조금씩 너를 떠 마신다
홀로의 외로움 잊고 생기 찾아
달빛에 머리 감는 기름진 야자잎새
은빛 잎새
하늘의 별 내려 반딧불 되는
낮보다 고운 밤 달밤
그리고
저 새소리

겨울 명상 2

이 겨울
어디고 햇빛 비치는 곳이면
거기
머물 수 있는 온기가 있고
거기
누릴 수 있는 여유가 있고
거기
나눌 수 있는 따스함 있네
이 겨울
바람 잠들고
햇볕 말없이 그윽할 때
구름 없는 창공으로
빈 나뭇가지 설레이고
땅의 자비가 승화되어
아른대는 아지랑이
나무야 작은 나무야
네 작은 씨눈 속에
내 어린 날 감춰두고
차가운 온도를 견뎌내는
그 이름이 무어냐?
낮은 무덤가에 엷은 햇살
오랑케 꽃터를 다듬고

평온한 초겨울 아침
고운 명상에 잠겼는데
창공도 나무도 무덤도
하나로 고요하고
하나로 정겨웁고
그냥 웃고 마냥 흐른다
너와 나는 둘이 아니다
나와 너는 다르지 않다
순간과 영원이 슬며시 손잡고
마른 잔디에 누워
햇볕을 쪼이고 있다.

촛불

촛불 한 자루 얼마나 충분한가
온 방 빛으로 따스히 감싸기에
촛불 한 자루 얼마나 넉넉한가
온 맘 한 가득 빛으로 채우기에
말없이 온화한 불꽃
찰나의 생명으로 영원한 우주의 넋
훅 불어 꺼버리면 사라졌다가
순간의 인연으로 다시 돌아오는 불꽃
너의 현존과 너의 부재는 둘이 아니다
무수한 은하계의 별빛과 너는 둘이 아니다
너를 바라보는 나의 눈과 너는 둘이 아니다
너를 느끼는 나의 마음과 너는 둘이 아니다
너는 무엇인가, 나는 무엇인가,
우주는 무엇인가
우리는 무엇이며 영원은 무엇인가
촛불 한 자루 투명한 몸으로 빛을 발하고 있다
장엄하여라 하나의 불꽃
신비로워라 충만한 사랑
온 방 가득히 빛을 발하고 있다
온 맘 가득히 빛을 발하고 있다
창공 가득히……

세월과 변화

뉴기니에서
변기 속에 들어 앉은 황구렁이를 보고놀라
독일 수사와 함께 막대기로 눌러 잡으려 하다가
고통과 가벼운 상처만 주고
다시 변기 속으로 나가 버렸다
지금 다시 그 구렁이를 만나면
나는 대금을 불어주겠다
그는 대금 소리를 듣고 기분이 좋아
즐겁게 집으로 돌아갈 것이고
나는 기분 좋게 변기에 앉아
쾌변을 볼 것이다

역시

역시 우리는 이 자리에 와야 한다
역시 우리는 서로 눈을 바라보아야 한다
그리고 역시 우리는 말없이 손을 잡아야 한다
떠난 자리
떠난 사람
떠난 시선을
이렇게 조용히 만나야 한다
떠나고
돌아와
다시 만나면
변해 있고
성숙해 있고
사라져버린 것 같은 중에도
강물이 바다 안에 용해되듯
무량한 본질 속에 하나됨을 느낀다
떠나고 돌아와 만나고 다시 떠날지라도
이제 그것은 아름다운 춤이요 곡선일 뿐
영원히 그립고 사랑스러운 눈동자의 자비로운 파장이
온 우주와 마음을 채우고 있다
역시 우리 모두는

이 자리에 와야 한다
이렇게 조용히
만나야 한다.

노 을

자비로 숙성된 태양의 노년이
텅 빈 겨울 산과 들을 어루만진다
무엇으로 움직이고 어디로 향하는 차량의 물결인가?
차가운 남한강 소리없이 흐르는데
무엇을 낭비하며 어디로 이득이 될 문명이요 개발인가?
손 발이 차갑게 굳어오는 대지의 목숨인데
나의 애태움 너의 안타까움
우리의 근심과 한숨들이
공해보다 무거운 대기 오염
망가진건 물이며 흙이 아니다
부서진 건 바위 허리 물목만이 아니다
날아 가고픈 건 새가 아니다
깨달음을 향한 우리의 열망이
옥에 갇혀 신음하는 시절인연 이다
치솟은 산새 다시 땅에 내리고
옷 벗고 가버린 영혼들이
늘상 내 곁에 나비처럼 맴도는데
영원한 빛에 감싸여 숙성된 노을만
저렇게 찬란한가?

그럴리는 없으리라 내 생각한다만
그래도 붉은 태양의 은혜로움
아직 저만치 멀고 멀다
그냥 느낌으로 ‥‥‥

밤의 요정

이렇게 많은 별들이
내 눈 속에 박혀 있는데
어찌 순간인들 외로울 수 있나요?
이렇게 많은 생명들이
내 몸속에서 노래하고 춤추는데
어찌 한순간인들 홀로일 수 있나요?
흐르는 물소리 들리네요
흐르는 향기도 느끼네요
지나고 사라짐이
다시 오고 새롭고 무궁한데
어찌 잊혀진 영 이별이 정녕 있으려나요?
무너지고 찌들고 퇴락하는 삶이지만
빛이 보이고 정을 느끼는 찰나를 통해
영원을 보네요
당신을 그리네요
밤에 잠겨 이불을 덮고
창에 스미는 별을 보노라면
어찌 존재는 이토록 오묘하고
신비스러운가요?
우주의 행성과 함께 우리는 은하수로 흘러요

빛보다도 금세
이 별과 저 별을 오가는
우리는 천사가 되네요
밤의 요정이 되네요
오줌 누고
다시 잠들 거예요.

날마다 좋은 날

고통으로 간이 터지고
내장이 파열될 지라도
이것만 알면 된다
사랑은 너로 인해 나를 깨닫는 것
나 얼마나 너를 떨쳐 버리려 하였던가?
나 얼마나 너희를 잊으려 하였던가?
어둠에 누워 어둠에서 일어서며
이제 깨닫느니
너 없이 하느님은 없다
너희 없이 하느님은 없다
어둠으로 인해 빛을 보느니
어둠 없이 빛이 없음을 느끼나니
어둠과 빛이 둘이 아님을 감지하느니
고통과 환희가 하나요
정의와 평화가 입 맞추는 소리
오늘 하루 불꽃으로 살면
오늘 밤 재로 편안할 수 있겠지
오늘 하루 너로 살면
오늘 밤 나로 평안할 수 있겠지
너와 나의 안식이 꽃잎으로 누워
우리의 의식이 천개의 연꽃으로 발아하는 날
이렇게 육체는 오늘 후질러
내일 벗어 버리고

영원한 오늘로 그냥 놀자
너 나 없는 그 날 그 날로 마냥 살자
날마다 좋은 날

모란

모란
너의 얼굴을 나는 안다
어느 계절
어떤 화창한 날 너의 웃음이
소리 없이 피어나는지 나는 안다
잠시 설레임과 그리움
그윽한 깊이와 끝없는 심연 속으로 흡입할 너의 향기가
어디서 오는지
그건 아직 모른다
그리고 왜 그토록 미련없이
시나브로 잎을 떨구고
돌 같은 침묵 안에 잠겨버리는지
그것 또한 나는 모른다
그러나 어렴풋이 무심한 너의 얼굴 속에
나의 본질이 있음을 알기에
꽃잎처럼 바람결도 없이 나를 비우는
너의 지혜가 즐겁다
모란!
너의 얼굴을 나는 모른다.

無常과 충만

바람이 분다
낙엽이 진다
나도 한장의 나뭇잎
바람이 분다
구름이 흐른다
나도 한 조각 구름
낙엽과 바람과 구름과 나는
가을과 황혼과 호수와 달
세월이 흐르고
존재는 무상하다
그리고
충만하다

봄의 합창

어머니
당신 사랑의 지고한 파장은
이 봄날 하늘하늘 아지랑이가 되었군요
아버지
당신 자비의 지고한 파장은
기뻐 아지랑이를 바라보는 산의 초록이 되었군요
나는 봄볕에 겨워 눈부신 자연의 조화를 몸으로 느끼며
부모님의 현존 속으로 녹아드네요
모차르트와 왕산악이 협연을 하고
이사도라 덩컨이 승무를 추네요
비발디가 가야금을 뜯고
원효가 파이프 오르간을 가지고 노네요
시멘트를 깨부수고 탈을 벗어요
발에 묶인 낚시줄을 끊어버리고
독수리처럼 하늘을 날아요
나는 자유요 평화요 행복이다
우리의 고향은 원래부터
자유요 평화요 행복입니다
베토벤은 지금도
전원 속을 거닐고
합창을 노래합니다.

정다운 가곡

정다운 가곡이 끝나면
나는 오늘을 접는다
관과 같은 침대에
수의 같은 이불을 덮고
시체 처럼 반듯이 누워
손을 가슴에 모으면
이제 깊고 깊은 호흡의
가는 금줄만이 영원 속에 묻힌다
핏기 없는 달빛
어둔 산 그늘로 신비롭게 부서지고
오래도록 눈도 오지 않아
앙상한 겨울나무 가지 더욱 간소하다
이런 밤 가벼운 육체
쉬 벗고 고요히 떠나
정다운 가곡의 여운으로 사라질건가?
밤 같은 죽음
아침 같은 새로움으로‥‥

왜 별들은 추운 밤에 더 아름다운가?

꽁꽁 얼어붙고
오돌오돌 떠는 밤이면
방에 군불을 더 짚혀
따스한 구들장이 등을 덥혔지
한잠 자고 일어나 밖에 나가 오줌을 누면
왜 그렇게 별들은 초롱초롱한지……
왜 이토록 추운 밤에
더 더욱 아름다운지……
마른 가지 삭풍에 몸 떨고
물고기 떼어낸 풍경 은은히 울리면
바람 타고 은하수 흐르는 중에
차가운 신비가 몸속을 파고드네
왜 별들은 추운 밤에 더욱 아름다운가?
강아지들 집집마다 고요히 잠들고
눈 덮인 산야에 고요만 쌓이는데
차가운 하늘에 영롱한 별처럼
투명한 내 영혼 별이 될 건가?
하늘엔 별빛
마음엔…….

완두콩

완두콩을 따는데
완두콩이 말했다.
완전히
두고갑니다.
콩 많이 첨수세엿

겨울 농사

왜 저렇게 힘들여서
점점 보기 싫게 만들었는가?
왜 이토록 애를 써서
더욱 못쓰게 만들었는가?
지금까지 나의 그림이 그랬고
하는 일마다 저지레뿐!
후질러 빨다가 달아서 못쓰게 된
넝마 같은 인생
정오가 지나 오후가 되어
낙엽과 바람이 하나가 되는 때
색을 버리니 먹만 남아
검은 먹빛에 오색영롱이 맺혔으니
이토록 작고 간소하고
부담없이 편한 아름다움
이게 여백인가, 쏜인가, 무위자연인가?
하릴없이 무한하고 멍멍한 기쁨인데
올겨울 농사는 눈 쓸고 먹칠하기
먹칠 위에 눈 덮히기…….

저녁놀 대금 소리

하루의 안식이
노을로 보장되는
이 저녁의 은혜로움
땅에선 꽃이 돋고
나무사이 벌레 소리
아늑한 골짜기의 물 흐르는 소리
아! 바람 없어 풍경 고요하고
새들은 어느새 평안히 깃들었다
약간의 수고로움 보내고 가벼운 고단함으로
저녁놀 바라보며 대금을 부노니
만파식적 근심 또한 잠재우누나
흰 구름 사이로 붉은 노을이 고이듯
대금 소리 대지에 스며든다
아무 흔적 없이 흐르는 세월이여…….

모과를 따며

열매를 향한 태양의 사랑과
태양을 향한 열매의 감사가
이토록 아름다운 모과로 열렸네
누가 모과를 못났다 하는가?
모과를 붙들고 있는 꼭지는
가지만큼 책임성 있게 굵고
그 살결 아기같이 보드랍네
넘치도록 듬직한 무게는
믿음이 이와 같아야 함을 얘기하고
자연스레 울퉁불퉁한 외양은
세월의 질곡을 숨기지 않네
따사로운 햇살 아래 모과를 따며
지극한 정성의 풍요로움을 몸으로 느끼네
티 없이 맑은 가을 하늘 아래서…….

겨울 밤

강아지 세 마리와 함께
이불을 덮고
비슷한 꿈을 꾸는 밤이면
눈은 마음껏 내리고
우주는 다정하고
중생은 동등하다
순서 없이 태어나
대충 만난 식구 같지만
모든 인연은 오직 필연
한치의 오차 없는 역학관계
눈빛과 마음으로 관통하는
부소부재의 사랑 그 에너지와 파장으로
춤추며 흐르는 삶은 아름답고 영원하다
겨울도 깊고 산도 깊어
눈도 깊고 고요도 깊은데
저 위에 말똥 말똥 별이 빛나면
모든 존재는
더욱 신비롭고 은혜로울 뿐‥‥
사촌누이 설 쇠러 집에 가고
내 이불 속에 함께 잠든 녀석들
너희는 애기 동자 같고
나는 오늘 부처 같구나
이 긴긴 겨울 밤
다정한 밤에‥‥

사는 법

잘 살자고 먹는 건데
잘 먹자고 사는 건데
잘 먹고 잘 살아서
행복하자는 인생인데
그게 그렇게 어려운가?
강아지도 살고 개미도 사는데
새도 살고 풀도 살고
지렁이도 매미도 다 사는데
왜 사람만 이리 시끄럽고 복잡한가?
못살겠다 죽고 싶다 하는가?
겨우내 아무것도 안 먹고 잠만 자다가
봄이면 부스스 일어나 떨쳐 사는 놈들이
작은 놈 큰 놈 많고 많은데
왜 사람만
밤도 겨울도 없이
휘황찬란 불 켜놓고
잠도 안 자고 이리 난리치며
못살겠다 불행하다 하는가?
좀 조용히
작게
간소하게 먹고

배시시 웃으며 살 수는 없는가?
햇볕 쪼이고 바람 맞으며
달 보고 꽃 보고
달처럼 꽃처럼 살 수는 없는가?
작고 조용히
맛깔스럽게…….

은티

이토록 푸르고 시린 산맥 아래
어찌 잠시라도 좁은 마음을 지니랴
여기
강산의 호흡이 들고 나는 곳
한반도의 단전 백두대간의 사리
희양산 은티마을
그 가운데 점을 찍듯 집을 지었다
악휘봉, 마분봉, 구왕봉, 시루봉이
희양산과 손을 잡고 그린 동그라미
그 우물 속에 누워 잠들면
별이 잠기고 별똥이 튀긴다
사철 새소리
청솔 바람 속에 담겨 있고
온 겨울 하 많은 눈이 쌓여
고요의 깊이를 깨울 수 없네
은티는 나의 고향 어머니 가슴…….

고마움

내가 누군지 알려고 했다
그러나
모른다
하느님이 누군지 알려고 했다
그러나 모른다
삶이 무언지 알려고 했다 그러나 모른다
모르지만
감사할 수는 있지 않겠는가
알아야만 알고 나서야만
감사할 수 있는 것은 아니지 않는가
영영 알 수 없는데‥‥
그러나 너무도 신비롭고 너무도 고마운 것을‥
어떻게 감사하지 않을 수 있는가
물도 고맙고 바람도 고맙고
해도 고맙고 땅도 고맙고
손톱도 고맙고 강아지도 고맙고
너도 고맙고 나도 고마운데
몰라도 그냥 고마울 뿐인데
내리는 비도 눈도 다 고마울 뿐인데‥
나는 고맙다
고로 존재한다

또 하나의 별

오늘 밤도 별을 향하여 손을 쭉 뻗는다
열 개의 손가락이 별들과 하나 되어
세포마다 별이 빛나고
핏줄은 어느새 은하 되어 흐른다
밤마다 하늘로 향하는 모든 가지마다 별이 열리듯
별을 향하는 손길과 눈길이
무한대로 반짝이고 조화롭게 빛나
경이로운 파장과 하나가 된다
별은 누구의 눈동자인가?
별은 어떤 마음의 눈짓으로 깜빡이는가?
별 또한 사랑이요 눈물인가?
오늘 밤 별을 향하여 손을 쭉 뻗어
별빛에 감전된 손가락이 전율을 느끼고
온몸의 파장이 영롱히 빛날 때
모든 세계는 빛이요 빛의 물결이요
빛의 바다가 된다
별을 향한 나의 몸짓은
또 하나의 별
별을 향한 우리의 마음은
또 하나의 밤하늘.

대추

아직 때가 안되었지만
대추 몇개는 익어 있었네
나는 그걸 따서 임에게 주었지
임은 받아서 입에 넣고
씨를 뱉아내며 오물오물 씹고있다가
벌레까지 씹고 있음을 알았데
임은 얼굴을 찡그리고 뱉어낼까 망설이다가
끝까지 삼켜 버렸지
나의 사랑에는 벌레가 있었으네
그래나 그것 마저 사랑으로 삼키신 임은
가을 햇살처럼
그냥 웃고 있었네
대추는 익어가고 ‥‥

노을을 사랑하는 마음

인생은 봄 마음
세월은 가을 정취
노년은 단풍
그리고 노을
죽음은 '정다운 가곡'이 끝나는 때
그런 때가 있겠지만
노래가 멈추는 것은 아니다
봄 마음이 사라지고
가을 정취 없어지는 것은 아니다
단풍 내려 누운 몸 위로
겨울 눈 수북수북 쌓여도
情다운 가곡은 끝나지 않는다
영원한 가곡
그 태초의 신비에 귀 기울이기 시작할 때
밤은 밤이 아니다
죽음은 죽음이 아니다
노을을 사랑하는
마음뿐이다.

어느 성모의 밤

너의 고통과 한이 나의 가슴에 박혔다
밤새 심장은 아픔의 샘이 되어
스러지는 달빛과 함께
영혼의 창가에 스미고 스몄다
때 마침 이름 모를 야생화 외롭게 피어
조촐한 성모의 밤 어머니 머리 위에
천천히 시들더니
여기 저기 숨죽인 여인의 눈물이
메마른 대지에 아침이슬로 고였다
세상은 아픔을 배우는 곳
인생은 슬픔을 가슴에 장아찌로 익히는 곳
아무렇지도 않게 뻔뻔해 보이는 얼굴 너머로
구겨진 영혼이 탈수된 빨래처럼 신음함을 느낄때
우리는 소산한 가을에 한점 붉은 낙엽인 것이다
나는 마음이 풍요롭지만 또한 짠하다
언제부터 우리는 서로의 짠한 가슴을 느낀다
어머니 ······

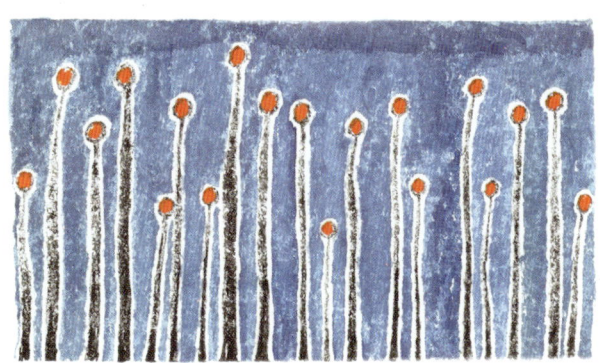

이불

딱딱한 침대 위에
포근한 이불이 있다
언제나 말없이 가슴을 열어
나를 감싸주기 위해 기다리는 이불
적당한 무게로 어루만지며
휴식으로 새 힘을 얻을 수 있도록
네가 늘 거기에 있는 것이다
이불이 나에게 주는 안식만큼이나
내가 누구를 위해 이불이 되랴
언제 어느 때나 기대어 오는 지친 몸
포근하게 감싸는 이불이 되랴
가늘고 하얀 목화 솜 서로 어울려
대자대비의 이불이 되었으니
너를 덮고 잠드는 이 밤
초롱초롱 반짝이는 하늘의 은하수는
우리를 감싸주는 더 큰 이불임을 아노니
우주는 서로를 이불로 덮고 있구나
자장가 부르며 다독이고 있구나.

그대

그대 하고 부를 때
욕정의 파장을 건드림 없이
환희심의 전율을 느끼는 나이가 되면
노을을 사랑하게 됩니다
지나온 모든 사랑이
그대를 위한 징검다리 였음을
알게 됩니다
보리밭 사잇길을 걸으며
뉘 부르는 소리 있어 걸음 멈추던
숱한 머뭇거림
돌아 보면 텅 빈 하늘에
그리움만 노을로 가득하던 허전함
이제 그 소리 너무 귀에 익어
나의 발걸음 소리도 여운도 없어지고
이 저녁 눈동자엔
또 다시 노을만 붉게 물들었습니다
그래도 가슴은
텅 빈 하늘 끝없는 하늘
그리고
말없는 그리움

황혼을 바라보며

바로 이 시각
아침에 모신 성체가 무르녹아
노을이 되는 바로 이 시각
엄마를 따라오지 못하게 달래주며
손에 쥐어준 달콤한 사탕처럼
빽빽한 왜솔 숲에 황혼빛 물든
한장 그림만 남겨 주셨구려
사탕을 입에 굴리며 엄마를 기다리듯
나는 당신이 그립지만
빽빽한 왜솔 숲길
황혼에 물들어 홀로 걸으며
이제 어두운 밤이 또 오고
다시 바삭한 성체를
믿음의 과자처럼 녹여야 할
아침을 기다립니다
'그대가 곁에 있어도
나는 그대가 그립다'는 시인의 말처럼
황혼을 바라보며
나는 영원한 황혼이 그립습니다

화성이 가장 가까이 오는 밤

화성이 지구에 가장 가까이 와
빛나는 큰 별로 나를 바라볼 때
영원으로부터 지금까지 응시해 온
자비의 그윽한 눈망울을 또렷하게 느낀다
이토록 깊은 밤
이토록 고요히
말없이 내밀하게
빛으로 뻗어오는 생명
떼이야르 신부님이 가르쳐 주신
물질의 심장으로부터 흘러온
절대의 사랑입니까? 당신은……
동녘에서 비스듬히 서쪽으로
온 밤을 가로지르는 오메가 포인트
어금니가 뭉근히 아려오는데
별과 눈, 빛과 영혼, 몸과 맘
그런 게 다 일치와 다양성으로
장엄한 하나의 무한 세계인가요?
별을 바라보며 어머니
별을 바라보며 아버지
별을 바라보며 누나들이 총총히

마음에 와 박히네요
화성이 지구에 가장 가까이 오는
이 밤 이 시각 더욱더
삶은 알 수 없는 신비일 뿐……
두근거림과 설레임과
그리움일 뿐……
화성은 지구의 형님
그리고
나는 또 하나의 당신.

겨울 자장가

이제 세월이 많이 흘러
부스러기들은 다 씻겨져갔네
임자 날 만나 우연처럼 만나
필연으로 살아온 날들
해 가고 달 가고 싸늘한 바람 불고
찬 서리 호호 불며 눈길 걸었네
마음이야 처음부터
자비의 바다가 아니었지
잘못하면 갇히어 썩어버릴 수 있는
그러나 흐르는 샘물이었지
아직도 사는 게 무언가
이 뭐꼬 이 뭐꼬 알 순 없지만
사랑도 믿음도 알 순 없지만
가쁜 호흡 잠들어 길어졌고
불길도 뭉근히 잦아들어
산처럼 나무처럼 말이 없는데
겨울바람에 풍경이 우네
이 밤 나의 고요한 흐름 위에
그대여 잠들라.

햇빛

당신의 입김에
죽은 그림이 살아난다
오래고 지리한 장마 끝에
파도 넘어 산 넘어 찾아온 햇살
어둠 쫓고
근심 쫓고
죽은 나무에 움을 틔우고
주렁주렁 열린 홍시는
보석같이 빛나게 한다
이 아침
조용한 은총의 햇살은
만물을 성령 세례로 축복하여
땅에는 봄을
가슴에는 영롱한 사랑의 부활을
꿈꾸게 한다
녹아내리는
차디찬 실개천
정화수 되어
마음을 씻어내는
정결한 아침 햇빛
천년 두고 변치 않는
자비의 입김이여
그 영원한 미소여……

하느님 나라

삶의 흔적에는
침묵 중에
뜨거운 눈물의 온도로만
녹여야 할 것이 있다
척수를 타고 올라
참회와 감사로 흐르는 눈물
고통은 잊어버릴 것이 아니라
눈물의 온도로 녹여
사리를 만들어야 하는 것
그 사리가 가슴에 하나둘 쌓이면
오색 영롱한 빛이 되나니
비로소 마음은 천국이 되는 것
하느님 나라는 그렇게 오는 것
삶의 흔적에는
뜨거운 눈물의 온도로만
녹여야 할 것이 있다

극낙초

꽃을 피우라 하셨는데
나는 꽃을 잘라버렸네
열매 맺으라 하셨는데
세찬 바람에 꽃 다 져버렸네
파아란 하늘가에 구름 피던 날
피리 불며 꿈꾸던 초록빛 언덕
다다르니 메마른 언덕 위로
희끗희끗 눈바람 휘날리고
또 멀리 펼쳐지는 새로운 지평
삭풍에 나부끼는 가지 끝마다
보듬어 감싸 안은 새 봄의 눈망울
꽃도 향기도 그 초록의 무성함도
다시 오련만 옛 같지 않아
몸으로 타는 촛불 같은 밤 기도만
어둔 방 빛으로 퍼져 흐르네
피리 불까 또 한 번 꿈을 꿀까 또 한 번
이제는 날아올 나비도 벌도 잠든 대지
부르면 무한천공으로 사라지는 꼬리별
밤의 촉각을 모두 모아
저편 언덕의 바람을 느낍니다
밤의 후각을 모두 모아
극락초 향기를 느낍니다.

불나방

밤새 불나방은 방충망에 걸려 파닥였느니라
날갯짓으로 철망을 뚫을 수는 없지
장마 걷히고 불볕더위
밤새 달빛은 유난히 밝았느니라
달빛에 은행나무 그늘을 드리우고
멀리 새벽의 여명이 희망처럼 지펴질 때
불을 향한 나방의 열정은
이승의 마지막 몸짓처럼 잦아들고
쑥불 향처럼 타올랐느니리
조장의 나팔을 기다리는 티베트의 독수리마냥
제비 한 마리
불나방 입에 물고 하늘에 솟아라
나방을 태운 불길은
어디에도 없었느니라……

영원히 잊지 못할 기리

나는 너의 고통을 안다
숲속에 안겨 있는 기리
나는 너의 안위를 안다
하얀 후랜지페니 꽃잎처럼 떨어져 누운 기리
너의 무덤 그 가까운 영혼들의
소박한 삶과 고뇌와 사랑을 나는 안다
네 검은 피부 속에 흐르는 다사로운 피
건장한 너의 가슴속에 간직된 정열
크고 긴 눈과 눈썹에 박힌 흑진주의 성광은
태평양 너머 별처럼 다가온다
삶은 삶인 것 눈물만도 아닌 것
생은 생인 것 그리움만도 아닌 것
순수 너의 가슴으로 바나나를 심어라
억센 너의 근육으로 창을 던져라
내 돈 떼어 먹은 놈들에게도 축복 있어라
원래 내 돈은 하나도 없었으니 양심만 떼어먹지 말아라.

풍경

참깨꽃 핀 언덕
참 아름답다
땀 찬 베적삼 허리 굽은 농부는
벼에 비료를 뿌리고
검어가는 벼 논빼미마다
한이 서렸다
충주호 넘어 송계 가는 길은
여름휴가 길 승용차 줄을 잇고
식물 전멸약 어지러운 밭길엔
잡초 누렇게 말라숙었다
옥수수 붉은 수염만 핏빛 머금어
칠월 청산에 빛나고 있다.

감 따기

파아란 창공에
감이 노랗게 익어
감나무에 조심스레 올라가
최선의 하느님 처럼
최선의 감을 정성껏 딴다
어디서 날아왔는가 듬실한 새 한마리
앞 가지에 앉아
분명히 날 보고 얘기한다
"다 따지 말고
제 몫도 남겨 줘요"
그 소리 듣고 나의 과욕이
부끄러웠다
이 황홀한 잔칫상이
나만의 것이 아니었구나
이 가을 창공 안에 담긴
아낌 없는 풍요로움이
서로를 위한 최선의 공양이었구나
감나무 부러지는 청량한 소리는
자기를 비워내는 무소유의 음악
아름다운 나무가 아름다운 열매를 보시하매
아름다운 손으로 만져야 하리
아름다운 기운이 되어야 하리

파아란 창공 아래
노오란 감을 따며
최선의 하느님 최선의 길로 이끄심을
햇살처럼 고요히 느끼네

열매

지금은 가을
사과는 익었는데
알밤은 벌어지는데
나는
무슨 열매를 맺었는가?
청량한 귀뚜라미
맑은 울음으로 세월을 정결케 하고
그윽한 달빛
찌든 문명의 도시 위로
태초의 맑은 빛을 뿌리건만
나는 무슨 울음 무슨 빛 무슨 향기로
영원의 길을 찾아 걷고 있는가?
태풍이 지나고
조용한 바람 밤의 벼이삭을 어루만지는데
건조한 피부와 앙상한 뼈마디 사이로
헛된 욕망과 정열이 산화되어
여름 이슬 같은 눈물만 만나처럼 맺혔는가?
사과는 익었는데…….

까치

간이 정류장
아무도 없는데
까치 한 마리 할딱이며
누구를 기다리나?
잊혀온 어느 날 새록 그리워
먼 하늘 한 조각 구름을 본다
다가올 초가을 찬이슬 속에
청초한 들국화 향기를 기다리나?
지금은 길가
쓰서운 산이 정류장
노오란 달맞이꽃
한 송이 곁에 두고…….

당신의 눈길

낮에는 보이지 않던
당신의 눈망울
조르주 루오의 그리스도
그 선하고 깊은 예지의 눈길
장닭도 없는 도시
이따금 차량의 소음만 잦아드는 시각
어미 잃은 송아지의 눈망울로
착하고 슬픈 눈물 떨구고 있네
베드로도 막달레나도
죄를 묻던 아무도
빌라도도 없는데
어찌 고문의 포승에 그대로 묶여
입 다문 채 눈만 뜨고 계시온지
간밤 방문길에 정종 석 잔
화끈한 몸으로 잠들었는데
강아지 두 마리 내 곁에 잠든 채
나는 당신 눈길의 다사로운 질책
온몸에 가벼운 오한으로 느끼네
오공 비리에 몸 떨고
민주에 몸살 앓는 나의 조국은
하나씩 사람을 묶어가고
조르주 루오의 그리스도

선 채 뜬눈으로 새벽을 맞는데
머리칼 비듬 훑으며 꿈을 꾸는가
가난을 모르며 가난을 외치는
울림만 빈들에 얼어가는 겨울밤
선한 송아지 눈망울만
나의 침상 위에 달처럼 뜨네.

삶

문설주 기대어 바람 맞듯
당신을 맞으오리 오시는 날에
뜨락의 모란이 햇볕을 누리듯
님 얼굴 뵈오며 즐거워하리
애틋한 염원도 없아옵고
갇혀진 욕망도 없아오니
해 뜨면 해 보고
달 뜨면 달 보고
바람 불면 바람에 맡기며
오늘 같은 내일
오늘 같은 영원을 누리리
사방에 꽃망울 터지는 소리
향기 쏟아지는 소리
아픔인들 이슬처럼
限인들 찔레꽃처럼
맺히고 뒤틀려 오르지 않으랴만
보리밭 이랑에
종달새 그립지 않느냐?
아름다운 것
삶은 은혜로운 것
욕심 없는 오늘로 영원을 맞으면
오늘도 해지기 전 마음 모두어
오늘을 보내며 내일을 맞이하네
영원을 맞이하네.

때

괴롭지만 잠시
문을 닫아야 할 때가 있다
답답하지만 그냥
돌아서야 할 때가 있다
모든 노력이 수포로 돌아간 것 같지만
할 수 없이 고통만을 안으로 삭혀야 할 때가 있다
지금은 묻혀서 그냥 썩어야 하는 때
지금은 누명을 쓰고 죄인으로 머물러야 하는 때
젖은 짚단 썩듯 고추밭에 말뚝 썩듯
이끼 돋고 버섯 돋고
누가 알랴 한 송이 백도라지 돋아 피어날런지
지금은 볕 없고
주룩주룩 비만 내리는 때
십자가에서 주의 시신을 내려
돌무덤에 묻고는 돌아서야 하는 때
젊은 자식 限으로
에미 가슴에 묻히는 때
사노라면 때로는 이런 때가 있다
조르주 루오의 그리스도
그 텅 빈 눈망울만 바라볼 때가 있다.

죽음의 향기

형님이 돌아가셨을 때
죽음은 이층이었다
아버지가 돌아가셨을 때
죽음은 옆방이었고
어머니가 돌아가셨을 때
죽음은 내 방에 들어왔다
죽음은 나의 어머니
단풍 노을
달빛 비치는 찬란한 길
이제
나는 너는 우리는 하나다
노오란 들국화 향기는 사라지고
곧 눈발 흩어져 나리겠지만
죽음의 향기는
차향보다 그윽하다

무제

만남은
서럽고
헤어짐은
기쁜 것
진달래는
지고 피는 것

바람은
부는 것
들국화는
지는 것
물과 세월
흘러가는 것

이승의
달 뜨고
저승 아침
해 뜨고
그 언덕에
꽃은 피나니…….

가을비 오는 밤

그대 이 가을비 오는 밤에
젖은 꽃잎으로 가시는가?
깊어가는 세월의 가슴속으로
물든 낙엽 되어 누우시는가?
바람 부는 대지 저 언덕 너머로
뉴기니의 구름만 추억처럼 흐르고
홀로 잠 못 이루어 빗소리 듣나니
이 밤의 아픔 제물로 받으소서
골고루 축복되게 하소서.

아버지의 황혼

이제 아버지의 황혼은 짙어
이승에 긴 노을을 남기시고
저 하늘 밭
또 하나의 신비로운 별로
뜨려 하시네
고생도 가난도
믿음 하나 성실 하나 대장간 하나로
낫을 만들고 호미를 만드셨느니라
형님은 아버지보다 먼저
이층으로 올라가시고
팔십의 어머니는 앞선 자와 남은 자의
날맹이에 서셨느니라
인생은 소유가 아니었느니
부모도 나도 나의 것이 아니었느니
별을 바라보며 바람을 느끼나
영원히 지나가고 끝없이 반짝이는 것
아버지의 아름다우신 붉은 노을에
취해 바라보는 끝없는 지평선 너머
세상의 온갖 죄악과 눈물
아름다운 노년의 황혼빛에 잠기시라
황혼 뒤에 반짝이는
신비로운 별로 빛나시라
가는 자도 남는 자도
순하고 순한 양떼일 뿐이니…….

별똥 되어

내가 죽어 평화를 이루고
내가 참아 화해를 이룬다면
이 몸 죽어 골백번
마음 참아 골백번
바람에 흩날리는 민들레 꽃씨마냥
산지사방 죽어서 꽃 피리, 부활하리
어머님을 땅에 묻고 가슴에 묻고
한 점 별똥 되어 밤하늘 가르리.

세 번째,

상하의 나라에서 쓰는 편지

안녕 코리아

노오란 국화꽃 피면 나는 떠나리
국화 향내 저린 들녘을 두고
가을 없는 사철의 푸르름 속으로 나는 가리
뜨거운 태양
밀림과 야수 우짖는 검은 대지 위
원색의 열정으로 타오르는
파푸아뉴기니아
석양이 밝아 노을도 지련만
늙으신 어머님과 젊은 연인도
출렁이는 파도 위에 낙조 되리
죄를 몰라 옷을 입을 수 없는 사람들
죄로 배인 하나의 문명인이 오점으로 낙하되어
한 알의 밀알로 썩어 싹틈은
놀라운 말씀의 신비이런가?
나의 반쪽을 향해 총을 겨루는
서글픈 우랄 알타이 민족의 슬픔으로
같은 뼈대 위에 피부만 검은
나의 동포 나의 인류를 향해
노오란 국화 향기는 몰라도
어머님의 그리움엔 동참하는

가을 없는 사철의 푸르름 속으로
노오란 국화꽃 피면
나는 떠나리.

진달래

혹독한 겨울을 견뎌온 너의 얼굴이
어찌 이리도 곱단 말이냐
나무들은 머뭇머뭇 눈치를 볼 때
활짝 벙그라져 봄을 폭로하는 자
독립 만세처럼
곳곳에 겨레의 피를 머금고
남북을 향기로 통일하는
너 진달래
오천 년 두고두고 강인한 사랑을 산천에 뿌려
해마다 겨울을 쫓고 다투어 피는
누이 어릴 적 얼굴 같이 붉은……
고국을 떠났어도
먼 먼 적도의 뜨거운 하늘이어도
더욱 진한 향기로 가슴에 피어
어느 때보다 화창한 봄으로 오나니
공항에서 어머님의 그 눈길 같은
진달래
진달래
오오 진달래.

잎새 하나

푸르고 푸른 길에
붉은 잎새 하나
두고 온 산천의 가을 한점이
손짓으로 날 부름인가
산길 홀로 뜨겁게 갈때
누구의 심장이 잎새를 태워
천지에 푸르름 여의고
한잎 붉은 깃발로 나부낌이뇨?
외로운 길에 외롭지 않은 마음
새도 나비도 오수에 잠든
적도의 정오
칸나 보다 붉은 잎새 하나
푸르름 여의어 불타고 있네

파도

잠들 때 파도 소리
잠 깨면 파도 소리
새벽을 으깨고 밤을 가르며
카인의 호흡만큼이나 무섭게 부서지는
"내 앞에 죄 없다 버티어 설 자 누구냐?"
보라 태산이 물거품 됨을
적도의 바위 아래
산지사방으로 흩어지는 수억의 물방울들……
태초부터 하나의 울부짖음이었다
외치고 부서지는 나의 소명
악몽에서 깨어나 바다를 보라
배를 신처럼 위하여 하늘 무서운 줄 모르는 자
심장을 죄는 내 소리 들리는가!
아모스의 함성
예레미야의 탄식
인류여 참회하라
와서 시비를 가려 보자
칠흑 밤을 지새며
외치고 부서지는
파도.

낙화 1

지는 슬픔을 아름다움이게 하는
하얀 꽃잎
떨어져 내려 땅 위에 눕기 전에
그늘 아래 다소곳이 자란
키 작은 나무 위에 앉아
한 저녁나절을 향기이게 하는
다섯 흰 나래 접은 하늘 천사

내 친구 꽁지 까닥이는
작은 새여 오라
기도하는 내 머리 위
포르르포르르 나래치던
내 동무 작은 새여 날아오라
소슬바람에 프렌지페니꽃 새록새록 눈 내려
꽃 한번 보지 못한 나무 터럭 위에
경이로운 이승의 꽃으로 안겨 있음을

나뭇가지 위에 바스스 깃 떨며
꽁지 추석이던 내 친구여 오라
꽃은 순결 그 향기 은총으로
햇빛 기우는 대지 위에
사뿐사뿐 내리옵심을…….

권구완 가는 길

권구완 가는 길은
철없이 꽃 지듯 나비 날고
아이들은 달랑달랑 꼬치 흔들며
빠이빠이 신부님!
인사하는 재미로 마중 나왔다
가라뭇 울려라
목탁 소리 산골에 퍼지듯
먼 길 걸어
기쁨을 전하는 분의 발길이
이슬 머금고 오셨단다
권구완 가는 길은
하얀 갈대꽃 눈 덮인 언덕
꽁지 요란한 파라다이스 새는
나뭇가지 오가며 아침을 날고
달랑달랑 꼬치 흔드는 어린 목청들은
너풀대는 바나나 잎새만큼이나 푸르러 간다
권구완 가는 길은
길어도 긴 줄 모르게
걷는 외길.

금강산

설악의 어머니인 금강산
찾아가 그 품에 안기고 싶다
온 겨레 배불려 온 풍만의 젖줄
골골이 쏟아 흐르는 청수에 몸 씻고
푸른 하늘 바라보는 아들 되고 싶다
비무장지대 철조망을 뚫고
묻어논 지뢰밭 지나 남으로 흐르는
금강산의 물줄기는 소금기 저린 눈물
봄이면 하나로 붉은 진달래
온통 푸르름이다가
와르르 쏟아지는 반도의 단풍 물결
한 이불 희디흰 백설을 덮고
어린양처럼 잠들고픈 나의 산하
설악이 머리에 흰 수건 두르고
친정 어미 그리듯 금강을 보네.

모기장

꽃상여처럼
밤마다 둘러치는 모기장
밖에서는 모기들이 안달을 하고
안에서는 죽음을 실습한다
달콤한 휴식의 죽음
깨어나면 매미 껍질처럼 헤집고 나와
밤이면 다시 비집고 들어가는
삶과 죽음의 칸막이다
아무 가리움 없이
환희 보는 그날
모기장도 침상도 걷어치우고
비상하는 새처럼
나날이 높아가는 푸르름에 날으리
지금은 꽃상여처럼
둘러치는 모기장.

망고

어머니
뉴기니의 입맛은 망고에 있습니다
질기지도 여물지도 아니하여
목구멍 안으로 녹아 들어가는 망고의 살결과 그 향기
혼자 망고 껍질 벗겨 베어 물으면
때마다 안쓰러운 어머니 생각
잘 익은 복숭아로 끼니를 때우시던 어머님을 두고
혼자 망고를 먹는 뉴기니의 아들은
줄줄 흐르는 망고의 달디단 물이
어느새 마음의 강물 되어 흐릅니다
이리하여 망고는
"품어 가 반길 이 없을 새 글로 설워하는"
또 하나의 애태움입니다.

땅과 하늘의 합창

별들이 나의 노래를 듣고있었다.
하늘 광장을 둑집한
오페라 좌의 군성들이
수없는 박수갈채로 반짝이고 있었다.
나의 노래는 아베 마리아
별들은 소리내어
함께 따라 부르고 있었다.
우리의 노래는 아베 마리아
오월이 익어가는
빠뿌아 뉴기니 밤 하늘과 땅에
완전한 하모니가 불타고 있었다~
아베 마리아
땅과 하늘의 합창이……

바람

바람은 야자수 잎새 헝클고 지나가는
열대의 밤바람은
나의 세월을 나르고 있다
잠들 것인가?
세월은 나의 목숨을 나르는데
다시 잠들 것인가?
바람은 나의 청춘을 나르는데
밤의 껍질을 벗기는 새소리
어느 침상 위 무슨 담요를 덮고
내 영혼 누워 있는가
임 잃은 밤배 빈 물 위에 일렁인다
임의 발자국 바람에 불려가고
빈 배 가득히 또 휩쓰는 바람
온 뼈마디 식초에 삭아 내려
파김치로 익어가는 밤
또 잠들 것인가?
바람은 쉬임 없이
나의 세월을 나르는데…….

뉴기니 니나노

어디쯤 평평한 언덕바지에
자연과 어울리는 집 하나 짓고
청산아 훨훨 나래치는 청산아
구름아 너풀너풀 산을 에두르는 구름아
못난 똥개 하나 발 한짝 들고
거름 주어 싱싱한 나무야
돼지 불알 애기 불알 함께 달랑거리는
발가벗어 부끄럼 모르는 뉴기니아야
검둥이 아이들과 어울려서
검둥검둥 궁둥이 춤도 추고…….

늦게 뜬 달

아주
늦게 뜬 달
그리고
반쯤 가리운 조용한 얼굴로
말없이 나의 등을 어루만지고 있는
슬픔이기도 하고
이룰수 없는 소망 같은 것
다 잠든 밤
마른 나뭇가지 하나 붉어져 있는
그건
아주
늦게 뜬 달

낙화 2

질 땐
지리
뚝
뚝
필 때
피어
하늘 한 번 보고
은근한 향기
바람에 날려 보내고
다시 필
새 꽃들에게
축복의 눈짓 보내며
질 땐
지리
뚝
뚝.

별이 되는 밤에

화산도 잠든 이 밤
나와 벌레는 깨어 있다
어둠을 밝히는 희미한 밤빛
사랑은 무엇일까?
그림이 될까?
밤새 별을 헤적이며 애태움으로 크는 나무
거꾸로 매달려 날개 터는 박쥐의 몸짓
사랑을 헤아릴 수 있다면
별을 헤아려 보렴
이 밤도 모든 몸짓은 하나가 된다
하늘의 별처럼
땅에도 마음마다의 별을 켠다
화산도 잠든 이 밤
나와 벌레는 깨어 있고
모든 사랑은 별이 된다.

별과 반딧불

하늘엔 별 총총
땅엔 반딧불 총총
우리의 마음엔 사랑이 총총
자매들이여
저기 날아다니는 사랑을 보아라
작은 몸 가득히 빛으로 타며
하늘의 별을 내려 땅에 심는다
마음에 심는다
자매들이여 저 높히
별을 보아라
땅의 모든 이슬과 눈물 하늘에 박혀
속삭인다 웃는다 빛으로 내린다
하늘엔 별 총총
땅엔 반딧불 총총
나 안엔 너 총총
네겐 나 총총

낙서

아무도 알아볼 이 없는 이곳에
나는 한글로 낙서를 한다
말없는 마남섬 바라보며
넘실대는 파도 물방울 튀겨오는 바닷가
하얀 뼈 같이 맑게 씻기운 나뭇등걸에
볼펜 낙서를 한다
"뭔가 뭔가" 이렇게 쓴다
"삶이 뭔가" 이렇게 쓴다
불고 부는 바람에 밀려온 파도는
하얀 포말로 발밑에 으스러지고
가락도 멋도 없는 새가
투박스레 꺽꺽 운다
마남섬에선 흰 연기 피어올라
구름에 얹혀 무한 천공으로 실려가고
낙서 위에 갑자기 물결이 덮쳐
"뭔가 뭔가" 되뇌이며 까르르 웃는다
"삶이 뭔가 그것도 몰라?"
허리 쥐고 웃는다.

사랑

내 사랑은
꽃바람
파도 넘어서 온다

내 사랑은
별빛
밤에도 빛난다

나의 사랑은
바람
잡을 수 없다.

앵무새의 노래

여기 단풍의 계절 영영 없어도
마음엔 우수수 지는 낙엽
여기 하얀 목련꽃 볼 수 없어도
그 순결 그 향기 봄으로 오네
어차피 삶은 홀로인 것
홀로의 노래로 모든 것 노래이게 하리
홀로의 사랑으로 모든 것 사랑이게 하리
어려서 쫓던 노랑 나비
콩꽃 아담스런 울 너머로 사라진 뒤
하나 둘 백 수천 되날아 오는 날에
하 많은 가슴의 부끄럼
말없이 뚝뚝 프렌지페니 꽃잎 되어 지나네
이제 아무 두려움 슬픔 없이
둥근 땅 어디에나 햇빛 비치는 곳
갈 봄 겨울 없는 여름 이어도
뜨거운 태양 뜨거운 길 뜨거운 나그네
붉은 부리 앵무새 되어 숲길을 가네
여기 소복이 쌓이는
함박눈 없어도 ‥‥

밤의 고백

한밤중에 일어나 다시 잠들 수 없음은
당신 때문입니다
잠 깨어 쉬 일어나 앉는 버릇이 생겼음도
당신 때문입니다
아직 걸어야 할 길이 있음은
얼마만한 축복입니까?
슬픔을 엮어 노래를 만들 수 있음은
얼마나 큰 은총입니까?
내 이름을 부르는 목소리의 주인을
나는 아직 모르고 있습니다,
사무엘 어렸을 때처럼
하오나 말씀하소서 듣고 있습니다
벌레 소리 바람 소리 천장의 쥐 소리
이우는 달빛에 담긴 눈망울 다 듣고 있습니다
도마뱀으로 담요에 기어올라
징그럽게 깨우지 않으셔도 귀 기울이고 있습니다
퍼내도 흥건히 고이는 물처럼
날마다 바칠 제물이 있습니다
가슴 두근거리며 열기로 깨우시더니
싸늘히 멍든 가슴 두고 어디로 가십니까?
이미 잠은 멀리 달아나 쓸데없이 뒤척입니다
어차피 담요는 다 흩어지고

홑이불 하나 간신히 붙어 있으면
다시 들리는 닭 소리
그런 중이나 알고 있으니 약올라도 행복합니다
내 진실한 밤차의
유일한 손님이시여…….

걸으며

당신 말씀으로 살아 걷는
목숨입니다
감미로운 입맞춤 없어도
모기 떼 진창길에 땀범벅이어도
찾아가 한 잔 마실 술벗 없어도
너무 뜨거워 바라볼 수도 없는
태양 분명 비추이고
개 한 마리 없이 홀로 걷는 외길엔
파르르 떨어지는 잎새 하나
나비인 양 춤을 춥니다
갈대꽃 낭자한 언덕 위로
흰 구름 피고 지나니
만물의 속삭임 비밀처럼 간직한
바람 하나 그냥 그냥 스쳐갈 뿐
말씀으로 걷는
목숨입니다.

사랑과 존재

밤빛 멀리 바위에 앉아
내 노래를 듣는 사람이 있다
하늘의 별 한 움큼 쥐어 내려
가슴에 뿌리는 손길이 있다
침범할 수 없는 영역의 밖에서
나의 모든 것을 침범하는 불길이 있다
바람 소리 듣고 세월에 굽는
노송처럼 의연한 자태가 있다
바라봄으로 가득히 불들어 오는
슬픈 노을빛 얼굴이 하나 있다
"사랑한다
고로
존재한다" 외치면서.

제 헌

꽃다운 제물 하나
당신께 드립니다
몇 날 몇 달 그린 병풍 하나
곱게 접어 드립니다
피 먹은 매화 향기
불변의 사랑 드립니다
젊음과 정열로 빚은
마알간 즙
빛깔 없는 한 잔의 술로 드립니다
아빠 잃은 어린 조카
삼촌 아빠라 부르는
애태움과 기다림 하나
슬며시 손에 쥐어 드립니다
공항에서 마지막 어머님의 눈길
마음에 진달래로 피는
가지 하나 꺾어 드립니다
차라리 이 밤의 단잠 다 바쳐
쓰는 편지 한 장
우표도 없이 띄워 보내 드리옵니다

목련

목련이 피었나?
제병 같은 하얀 봉헌이
가지 끝에서 향기를 뿜는가?
이따금 그 위에 이슬이 내리고
참회의 눈물로 아침이 부활하는가?
"곧 목련이 필 겝니다"
아주 오래 묻어 둔
그러나 금세 화들짝 놀라 깨어
사무치게 그리운 사람처럼
그대 내 사랑 목련화야
루르드의 촛불마냥 봉오리져 솟았단 말이냐?
사치롭지 않고
부요하지도 찬란하지도 아니하고
꾸밈도 장식도 아무 요란함도 없이
빈 손같이
성령의 은총을 간구하는 기도의 손같이
찬미의 박수로
단식의 절제로
순수와 순결로
4월의 하늘가 어디에

네가 고개를 들었단 말이냐?
목련
네 이름 청아하다.

상하의 나라에서 쓰는 편지

거대한 세월의 수레바퀴 속에서
나만 홀로 빠져 나왔다
상하의 나라
세월이 멎는다
한번도 멈추지 않는 파도 소리
계절의 변화 없는 늘 푸르름
모기와 소나기의 크리스마스
인사 없는 새해
나이를 잊는다 나이가 없다
엄마들은 쉽게 아기를 낳아
흑진주 같은 눈을 반짝이며
바나나 잎새 마냥 너풀너풀 자란다
고국에서 보내 오는
새해 달력

"이런 달력 몇번이나 더 보내드리면
만나 뵐 수 있을까요?"
그러면 나는 남의 세월을 어렴풋이 감지하면서
나의 세월을 다시 파도에 묻는다
진정 이런 편지 몇번이나 더 보내 드리면
만나 뵈올 수 있을까요
이별 없는 영원한 곳에서…

푸른 색채의 죽음

마지막 푸른 색채의 튜브를
쇠집게로 터쳐 즙을 짜냈다
푸른 선혈이 낭자하다
내장을 드러낸 푸른 색채의 죽음
그건 통곡의 바다가 되고
소금기 어린 하늘이 되고
그리워하는 자 마음마다의
고독한 벗이 되었다
깊은 마음엔 까무러치는 파도
바다가 지랄할 때마다 산은 각혈을 하여
낭자하게 흐르는 푸른 선혈
밤낮을 껴안고 씨름하고 입맞추다
녹아버린 끈적한 액체
뜨거운 태양의 온도 위로 내팽개친
시리도록 차가운 푸른 색채의 죽음이여.

젖어 피는 꽃

기도 안에 자라나는
한 떨기 장미꽃
찌르는 아픔일랑
가시관 만들고
부는 세월 가는 세월에
향기 날리며
눈물 속에 이슬 속에
젖어 피는 꽃.

고사목

들에 서 있는
크고 아름다운 나무를 처음 보았을 때
나는 반했다
갖고 싶었다
책상 앞에 앉아
창 밖으로 늘 바라보고 싶었다
불같은 희망으로 젊은이들과 함께
삽을 메고 가 너를 뿌리째 뽑았다
가운데 뿌리는 너무 깊어 잘라냈다
너를 트럭에 싣고 돌아올 땐
승전의 기세로 차를 몰았다
책상에 앉으면 마주 보이는 뜨락에
너를 심었다
물을 주고
하루 이틀
밤에는 내가 거름 삼아 오줌을 눴다
새 잎 기다려
한 달 두 달
일년이 다 가도록 잎은 나지 않았다
고사목
푸르른 잎새로 드리우는
시원한 그늘은 환상의 꿈
하늘로 솟아나던 새순의 의지는
마른 나무 끝에서 정지 되었다

푸른 창공에 비치는 초췌한 나뭇가지
달밤에 네 모습 더욱 가련타
네게 향한 나의 열기는 너를 말리우고
나의 욕심은 너를 고사목으로 만들었다
너를 향한 나의 사모는
사랑이 아닌 이기심
죽은 너를 바라보는 나의 눈은 슬프다
‥‥‥‥
나는 이렇게 죽어있다
푸른 하늘
그리고
황홀한 달빛 아래

레지오 갔다 오는 산길

가파른 언덕 위로
배암처럼 기어오르는 외길
낡은 성모상 하나 품에 안고
돌 같은 돌 하나 찾으며 산길 걸으면
냄비 숟갈 고구마 바나나 망태에 이고
병든 아들 더불어
늙은 에미 어린것 하나 더 데리고
병원 가는 길이었다
뒤틀리는 아픔만큼이나
길게 뒤틀려 뻗어가는 산길
숲에선 갈대 태우는 산불 소리
보랏빛 콩 꽃 한 송이 꺾어 쥐면
가느다란 꽃대궁 사이로 흐르는 실핏줄
레지오 갔다 오는 산길엔
꼬리 긴 도마뱀 한 마리 자지러져 도망치고
꽃술에 앉은 작은 나비 하나
꽃과 함께 바람에 흔들리고 있었다.

사실은

공항에서
나를 전송해 주시던 분
내 돌아가는 날
나를 맞아주시지 않으리
그땐 마치
나를 위한 전송인 줄 알았지만
그분을 위한 나의 전송이었네
사실은……
이제 나를
이별 없는 영원에로 맞아주실
그날이 있음을
아네.

네가 간 후

불기둥 같은 자
목석 되어 다녀간 후
내려 누르는 구름의 무게만큼이나
조여드는 뒷골
그 아픔
"다시 시작하자
새롭게 우리 다시……"
그 후
청솔 같은 몸에 불을 당겨
타버린 재를 회색 하늘에 뿌렸다
죽을 수 있는 육체의 한계까지
죽어 보자는 심산이었다
머리 꼭지에 불을 담아
두통에 오열하는 마냥 화산섬
회색 하늘에 엷은 무지개
야자수 언덕 위에 성광처럼 빛나
목석 되어 다녀가는 불길 같은 자
길 따라 멀리멀리 이어지고 있었다.

앱튼강의 곡에 맞춰

천지에 달 하나
둥근 달 하나
달빛에 반짝이는
성당 지붕 하나
하얀 꽃 하나
프렌지페니 하나
꽃 보며 달 보며
기쁜 사제 하나

파도를 잊고

저 목소리
간곡한 외침
밤마다 배갯머리에 부서지는 파도를 잊고
몸으로 하얗게 부서지는 순교의 넋을 잊고
망각의 잠
그 은신

마음의 예언자
싹이 움트는 부활의 아픔을 잊고
물보라 튀겨 오는 바다의 숨결을 잊고
말라리아
고열
식욕 상실
늪에서
늪에서

파도 없는 곳으로 가자
새소리 벌레 소리뿐인 곳으로
파도가 싫어
저 질식 같은 처절함이
깜박이는 심지
다윗을 부르는 요나단

맥박은 파도를 숨쉬며
잠든 육체를 바닷가에 뉘었다

"아주 잠들면 안 돼
다시 파도를 호흡하면
프렌지페니의 향기를 맡게 될 거야
순결과 순수의 꽃"

파도 위엔
물새를 껴안은 구름의 포옹
너무
오래
파도를 잊고…….

맨 처음의 지상에서

앉아
똥 누는 것보담
시 한 줄 읽는 것에 마음을 쓰고
깨끗한 밑 닦고 밖에 나와 하늘을 보면
그건 엘 그레꼬의 하늘
양철 지붕 밑에서 밤을 파수하던 고양이
내려와 이슬 내린 잔디 위에 뒹굴면
까마귀도 없는 이 밤은
차라리 맨 처음의 지상
에봐의 뼈 하나 가슴에 묻고
충만 속의 미완성을 서성이는 뜨락
주의 얼만이
온 땅에 가득하실 뿐.

반딧불

등불 켜 나르던 반딧불 하나
내 손가락에 앉았다
내 손은 등대가 되어 깜박인다
반딧불 반딧불 숨 쉴 때 마다
빛을 머금고 빛을 토하는 벌레
반딧불 같은 사랑의 등불 달으리
반딧불 같은 기도의 빛을 뿜으리
등불 켜 나르던 반딧불 하나
내 손에서 날아간다
깜빡이는 성체 등불마냥

향단아

개 한 마릴 주워다 향단이라 불렀다
귀는 들리다 반쯤 처지고
벼룩 잡을 땐 콧구멍이 막혀 그렁그렁했다
이놈은 유일한 나의 친구
이제 식성도 어지간히 날 닮았다
이름이 뭐냐고 물으면
난 "향단아"라고 대답했고
애건 어른이건 "향단아, 향단아" 불렀다
뜻이 무어냐고 물으면
충직한 여종의 예쁜 한국 이름이라 했다
공소 길엔 먼저 길잡이 되어 서고
외나무 다릴 건너선 내가 어찌 되나
뒤를 돌아다보곤 했다
향단이 댕기 늘어지던 날엔
동네 수캐 다 모여 댕기 꼬릴 질질 물고늘어져
배가 만삭이 된 것을 보고 난 휴가를 떠나야 했다
내가 떠나던 날 향단인 내처 굶었다 했고
난 그놈이 새낄 잘 나얄 텐데
그게 젤 걱정이었다
휴가 후 돌아오는 트럭 엔진 소리에
맨 먼저 뛰쳐나온 건 물론 향단이었고
헌데투성이 젖만 늘어져 몰골이 숭악한 중에도

새끼 일곱 마린 극진히 위했다
이놈은 뉴기니의 개가 분명하지만
이름 따나 인연은 달리 되어 있었다
여섯 새끼 다 남 주고 하나 남은 놈에게
나는 다시 방자라 이름 지어주었다.

어느 선교사의 죽음

우레 같은 목소리에 봄 같은 마음을 지녔던 분
쌍둥이로 태어나 하나는 수녀 되고 하나는 신부 된 분
요셉처럼 노동으로 봉사하며
길도 없는 이곰 본당에 십삼 년 넘게 사셨던 분
스쿨 미사 후 오토바이로 돌아오다
아침에 고쳐준 트럭과 정면충돌
두 다리 부서지고 피 흐르다
뜨거운 나라 뜨거운 길에 뜨거운 피 홍건히 고이는데
사람들은 놀라 숲에 숨어 바라만 볼 뿐
한 여인이 하는 말
"신부님이 다리가 많이 아프실 텐데
기도만 오래 하고 계시구나"
비행기로 후송 도중 사천 피트 상공에서 숨지시다
푸른 하늘 천국 가까운 곳에서 곧장 가시려고……
신자들은 통곡하며
피 먹은 흙 손톱으로 긁어 상자에 담았다
"우리 신부님 우리 땅에 피 다 쏟으셨으니
우리 이 피 마음에 심어 길이 간직하자"
다짐하며 피 흙을 성당 마당에 심었다
흙은 흙이 아니라 피의 밭
그렇지 않고서야
저 꽃 저리 붉고 열매 저리 기름지랴

달빛에 야자수 드리우는 무덤
묘비는 검은 십자가 그리고 하얀 글씨

Fr. Joseph Dotzler S.V.D.
1969년 뉴기니 도착
1984년 7월 1일 선종.

붓

나는 붓을 혹사했지만
붓은 나를 버리지 않았다
반항하지도 않았다
털갈이하는 개털처럼
뭉텅뭉텅 뽑혀 나가
가냘픈 몇 개의 붓끝이
소수의 남은 자처럼 서로 의지하여
환란 중에도 필력을 잃지 않았다
붓은 순도를 통해
뚝뚝 피를 흘려
하얀 지면 위에 각혈하였건만
그것이 생명으로 부활하여
빛이 되고 승천하였다
이 현란한 그림이
붓의 죽음이라니…….

심령의 벨

오토바이로 넘어져 찢기고 아문 곳에
검은 눈기니 새 살이 돋아
날궂이할 때마다 아리하게 가려웁다
무심히 긁으면 전기 스위치마냥
폐부로 감전되는 짜릿함
거양 성체 때 올리는
복사 아이의 방울종처럼
닫혀진 마음의 전당에 초인종이 울린다
눈기니 새 살로 박힌
심령의 벨.

원시림

여기는 원시림
원주민 피부색 같은 흑갈색 강물이
'모란'이라 부르는 큰 배암처럼
정글 속을 끝없이 누벼 나간다
여기는 원시림
오점으로 낙하된 조선의 한 사제가
높고 높은 자기 중심의 아성
문명 공해에 녹슨 철책을
뼈로 부수고 있다
미친년 치맛자락같이 너풀대는
바나나 잎새를 찢으며
땅을 후벼내는 호된 빗살
가슴을 후벼내는 굵은 빗줄기
여기는 원시림
밤이면 하늘엔 별이 총총
땅엔 반딧불이 총총
그 별보다 반딧불보다 더 총총한 아이들의 눈빛은
나를 바라보며 이렇게 말하고 있다
"너 어디서 무엇하러 와 멍청히 서 있는가?
우리 눈에 쪼다 같이 보이는 친구여!"

검은 살 속의 네 피가 붉듯
내 피도 그렇게 붉음을
그리고 이것들은 모두
그리스도의 저 붉은 피와 하나임을……
여기는 원시림
악어 꼬리 같이 부릅뜬 눈으로
쪼다 같은 친구 하나
십자가에 매달려 있다.

야곱의 우물

뭐가 이러히 이러히
뱅뱅 돌다가
낙심하다가
힘들여 다시 떨쳐 일어서다가
확 터져 줄줄 흐르고
안스러이 조바심하며
뒤척이다가 어루만지다가
생성
빛
홀연한 자태
새로움으로
단장한 신부처럼 예루살렘처럼
탄생되는
하나의
그림!
끝은 결코 아니지만
기운을 얻어
다시 걸어갈
야곱의 우물 한 바가지
사마리아 여인이 건네어 준…….

당신

절실한 나의 패배 위에
움트는 당신
개 끌 듯 나를 끌고 가신다
미지의 안개 속으로
홀로의 고독으로 핀 동국 위에
찬 서리 내리신다
피란 피 토하여 강 넘칠 때
정화수 뿌려 소금기 돋게 하신다
"Veni Sancte Spiritus"
당신은 절벽으로 다가서시고
한 가닥 붉은 동맥의 밧줄 드리우신다
백열하는 구름으로 눈멀게 하시고
천둥 먹구름으로 전율케 하신다
뼈란 뼈 바수어 헹구신 후
언뜻언뜻 하얀 촉루로 빛내시며
바람 불 때마다
오줌싸개 지린내로 묻어 오신다.

* "Veni Sancte Spiritus" : 오소서 성령이여.

성령송가

오소서 성령이여
코코넛 잎새 사이
은밀한 월광으로 오소서
불을 물고 하늘에 올라
태양에 열기를 더하는
뉴기니 새의 정열로 오소서
낭랑한 음성으로 밤의 시편을 노래하는
풀벌레의 항구한 목소리로 오소서
오소서 성령이여
시몬의 참회를 재촉하는
세 번 서른 번 삼백 번의
닭 울음으로 오소서
당신 없인 내 마음
열대의 고독한 밤의 암흑
밤마다 촉촉이 풀잎에 맺히는
이슬의 소리 없는 은총으로 내려오소서
별들의 합창
은하수 강물의 철썩이는 뱃노래
곱슬한 머리 위에 내리는 안수와
그 마음의 뭉클한 감격
눈물의 뜨거움으로 오소서
흑진주 반짝이는 어린 눈동자

그 초롱초롱 피어나는
태초의 생명으로 오소서
이우는 달빛 바라보며
잠 못 이루는 이역의 사제
메마른 마음에 야곱의 우물
그 시원한 바가지로 넘쳐 오소서
물의 성령이여
밤의 성령이여
충만의 성령이여
새와 벌레의 성령이여.

길

먼 길을 왔다
먼지를 뒤집어쓰고
먼지보다 더 많은 잔혹을 마시며
핸들을 잡고 생각했다
가건만
맞아줄 이 없는 빈 집으로 가건만
엔진을 멈추고 물 꼭지를 틀고
좔좔 씻어 내릴 먼지와 근심들……
나의 초라함이
나의 의지를 먼지처럼 산산이 날리는 이 순간에
파도보다 거세게 몰려오는 사랑의 편편들
"일어서라 곧게 일어서라
뜨거운 눈으로 너를 응시하는 우리가 있다"
그렇다 그대들 그 심장의 고동 소리
거칠은 엔진보다 더 강하게 맥박 치는 길에
나는 일어선다 독수리처럼 사랑의 힘으로
텍사스마냥 광활한 이 땅에
사랑의 역마차가 달리고 있다
혼자서
그러나 혼자가 아니다

혼자일 수가 없다
하루라도 나는……
먼지를 뒤집어쓰고
먼지보다 더 많은 사랑을 날리며
먼 길을 왔다.

개를 기다리며

새끼 여섯 사흘돌이로 죽어 나가
젖도 채 안 마른 향단이는 허탈한 가슴
식욕을 잃고 쏴아 바람에 코를 벌름이며
하릴없이 들판을 쏘다닌다
목에는 손바닥만한 상처로 가죽이 벗겨져
벌린 살점이 흉물스러운데
알콜로 씻고 약을 바르고 붕대를 감았으나
며칠 신음하던 강아지 소리에 잠 설치고 띵한 머리
개라곤 하지만 살붙이 없는 이역에 이방인 사제
충직히 복사하는 말없는 짐승이기에
벙어리 냉가슴 같은 그놈의 고통이
내 심장 뒤흔들어 수선스럽기 그지없느니
울고 싶어라
이해될 수 없는 이역의 외로운 사제
위로받을 아무도 없어라
손톱 같은 조각달 옆에 별 하나 붙어
먹구름 속에 파르르 떨고
이리저리 머리칼 흩날리는 코코넛 잎새만
서걱서걱 하늘을 메워 나간다
향단아
나는 말 못하는 너를 기다리며
너는 쉬 돌아오지 않는다.

물새를 보며

오늘은 흰 새 파도 위에 난다
팔락일 때마다
날갯죽지가 햇빛에 눈부시다
멀어가는 흰 새들은
함박눈이 된다
펄럭펄럭 펄펄
차가운 빛깔로 눈이 내린다
나는 벌 쏘인 다리 긁적이며
칼칼한 목구멍으로 침 삼키는데
흰 새 눈발로 내리며 가고
아주 멀리 가서는 이내
초롱불이 된다
깜빡깜빡 반짝반짝
공소에서 돌아오던 어둔 밤길
희미하고 정답던 초가 등불마냥……
그러나 이제는 물새 보이지 않는다
쾅쾅 부서지는 파도만
어둠에 목청이 잦아들고
내 맘엔 수억의 흰 손수건이
나무 가득히 매달려 펄럭인다.

저 새소리 I

비단 폭을 짧게 찢는 듯한
저 새소리
뜨거운 해 지고 별 저무는 밤
소스라쳐 깨어나 앉으면
밤의 정적과 밤 빛깔
무시지시의 단면처럼 쪼개어지고
꿈과 깸이 어즈러이 섞갈리는데
비수 같은 새소리 가슴에 사무쳐 온다
충직과 겸손으로 걸어나간
땀에 젖은 형님의 베적삼인가
앙상한 뼈마디로 깨어 사는
친구의 뱁새눈인가
바늘 끝 안 먹히는 초지일관으로
사르어 바치는 수녀 누나의 서원인가
잠든 건 홀로인데 깨어나면
밤을 면도하는 저 새소리
누구의 사랑을 훔쳐 먹고
딸꾹질 하는
저 새소리.

저 새소리 II

유성이 잠깐 지난 후
달도 별도 말이 없다
새소리 하나
깔꾹깔꾹
말씀을 심고 있다
일어나
밭을 일구어라
밤에 곡식을 심고 있다
길가에
풀밭에
가시덤불 속
기름진 마음밭에
유성이 지난 후
저 새소리.

저 새소리 III

하늘에서 들리는
저 새소리
무사안일을 쪼아내고 있다
달차근한 열매를 깨부수고 있다
이 밤
악을 음모하지 않는다
악을 음모하던 자 잠들었다
돈을 헤아리던 손 안식에 들었다
감언이설의 입술 잠잠하다
새소리 오직 하나
또록또록
아무 방해 없이 예언을 한다
이상한 언어를 말한다
내 너를 인도하리
길 없는 사막
고독의 동산에
바람 소리
저 새소리.

노을을 바라보며

숲속으로 저물어가는
네 진홍빛 얼굴이 보인다
수고를 마치고 안식에 드는
고단한 빛깔이 보인다
조금의 상처도 없이
만물을 제자리에 돌려놓고
가득 품었던 가슴의 모든 것
제 갈길로 보내놓고
지켜보며 손짓하는 고독의 결단을 본다
분향으로 사라지는 희생의 눈물을 본다
새소리 잦아들고 땅거미 내리는데
손바닥만한 진홍빛 얼굴
가난한 노래로 사라져가고
노을을 향한 마음 하나
어둠에 남는다.

저 새소리 IV

이제 잠들려는데
저 새소리
시계의 초침과 함께
저 새소리
고단한 몸 잠시 더 머물러
작두로 여물 써는 소리를 듣네
예언은 그치고 영감은 사라지고
노래도 그림도 시도 멎은 시각에
잠드는 자 잠들게 하고
듣는 자 들을 수 있도록
성냄도 강요도 없이
심플한 단절음
무색무취의
저 새소리.

싸움

미친놈과 싸웠다
그놈 왈
"너 미쳤지 않냐?
새끼 있냐?
혼자 사는놈이
왜 방 두개 쓰냐?
나 하나 안주고……"
미친놈과 싸웠다
그래서 난
미친놈이 되었다

한여름 밤의 독백

무어라 해야 할까 이 밤의 은혜로움
초저녁에 한숨 잔 강아지
잔디 위에 배 발랑발랑 뒤집으며
고양이와 어울려 노는 달밤
젊은이들 통기타 치며 자작 노래 멀리 부르고
오각의 성당 지붕 달빛에 찬란히 반짝이며
나무 끝 바람에 휘적이며 큰다
이따금 모기 한 마리 맴도는 시간
은혜로와라
달빛보다 엷은 불 꺼버리고
마음의 창가에 쏟아지는 빛
이 은총 이 고요 이 달빛 떠다가
묶인 자 그리운 자 상처받은 자
골고루 골고루 채워줬으면
두고 잠들지 못할 은혜의 밤
처음과 마지막 지상의 중간에
이토록 초월한 밤이 때때로 있음은
은근한 빛살로 내리는 성령의 입맞춤
강아지 고양이 내 곁에 놀 듯
우리 성령의 품안에 노니시라.

삼위일체 대축일 전날 밤에

밤 한 시
달은 밝고
구름가에 별 몇 점
이슬 내린 풀잎 위에 무릎 꿇는다
삼위일체께서 여러분과 함께
이 밤의 평화
고요한 달빛 여러분과 함께
강아지 두 마리 끌어안아 본다
성령의 채온이
너희 피조물과도 함께.

분향

왜 이리 꿈은 서럽고 먼가
오래전에 다 떨쳐버린 줄 알았건만
밤마다 나를 가두어 버리는 꿈
해방은 꿈에도 멀고
자유는 실로 아득하다
밤 사이 내린 비 멎고
동녘 깨어지면
마남섬 우로부터 밝아오는 빛
밤의 눈물 조용한 이슬로 깔린 풀밭에
흰 수도복처럼 걷혀가는 아침 안개
서럽고 먼 꿈 함께 거두어
화산 섬 위에 분향할지어다.

달빛

달빛 고운 이 밤에
달빛 타고 누가 오나
달 보면 그리운 사람있어
달 보면 보고픈 얼굴있어
달 처럼 환한 맘
달 처럼 둥근 얼굴 웃으며 오네
달빛 고운 이 밤에
달빛 타고 누가 오나

어머니시여

자녀들 우는 밤 슬피 우는 밤
목놓아 소매 잡고 어머님 부르는 밤
에미 가슴 미어지는 감격으로
눈물 가득 고인 자비의 눈
자녀들 가슴 하나하나 속속들이
굽어보소서 살펴보옵소서
더러는 아직 뻗대는 놈들
통명스레 골부리며 빗나가는 놈들
이 밤 하늘의 별빛같이
묵주알 굴리는 진주 눈동자들
파푸아뉴기니 성모의 밤 기도 들으소서
목에 핏대 올려 높게 부르는 놈
굵은 목소리로 처져 따라가는 놈
밤과 눈물의 어머니
이승과 저승의 어머니
모든 민족과 피부의 어머니시여.

네 번째,

갈매기의 꿈

보릿바람 감잣바람

언니야 토산길 마루터기에
옹초방초가 피었다드라
언젠가 보리쌀 다 떨어지고
감자 한 바가지 꾸어왔을 때
언니도 울먹여 말 안 했드나
옹초방초 피는 언덕에
감자나 실컷 심작하구
성근 보리쌀 다 떨어져도
감자 먹으면 된닥 하더니……
자주 감잘랑 자주 꽃 폈다
흰 꽃 필 땐 흰 감자가 우물쭈물 열릴끼다
이자 니 누운 금란박 토산길에
보릿바람 감잣바람이 불어도
옹초방초 핀 언덕엔
뻐꾹새 외로워 운다야
나도 울까 부야
언니야 그리워 울까 부야.

가을의 수레를 타고

그냥
이렇게
고요히 잠들고 싶다
시들어 가는 풀 위에 누워
가을의 햇살을 몸에 받으며
떨어져 누운 꽃잎 처럼
그렇게 고요히 눕고 싶다
위에는 맑은 하늘이 있어
마음은 곱고 맑아졌다
이제 나의 남은 것은
가난한 마음과 파리한 육체 뿐
이따금 부는 바람에 날리는 머리칼
아무 욕심도 소망도 없다
녹색의 셔츠와
잘 닦은 고무신을 신은
깨끗한 자연과 가장 잘 어울릴수있는
지금의 나
이제 내가 영원히 눕더라도
자연은 나를 감싸주리라
어머니의품처럼 따스한 그의 가슴에…

작은 새

작은 새야
어디서 왔니
알에서 오고
땅에서 왔겠지만
너는 분명 하늘에서도 왔구나
너의 고갯짓과 꼬리놀림은
매끄럽고 경쾌하다
먼지를 물어다 둥지를 튺은
세간과 출세간이 먼지 같음을
이름이니
이쁜 둥지는 충분히
넉넉하고 아늑하다
너의 비상은 인류의 희망
나의 승천
어여쁜
작은 새야.

초록빛

두릅나무 잎새에
메뚜기가 놀러왔다
밑에선 졸졸
물소리 들리고
바람에 두릅 잎이
하늘거린다
메뚜기는 호사하며
흔들거리고
두릅 잎도 메뚜기도
다 초록빛이다.

봄의 신비

눈 내리던 정원에 햇볕이 가득하여서
모란이 방싯 웃네
사철나무 잎에도 눈이 녹아
이슬이 반짝이네
내 마음도 반짝이네
나는 한 송이 모란 속에
숨쉬는 너를 보네
아!
이루어지는 아름다운 얼굴이여
끝없이 가꾸어져 가는 자연이여
아!
창조의 신비와
빛나는 봄의 환희여!

갈매기의 꿈

사월 어느 날 오동도 앞 바다에는
별이 물에 잠긴듯 반짝 반짝 하였지
우리는 시를 지었지 갈매기의 꿈이라 하였지
그러나 시도 꿈처럼 이루지를 못했네
갈매기의 꿈 갈매기의 꿈 갈매기의 울음처럼
우리의 시도 끝없는 반복뿐이었네
갈매기의 꿈 갈매기의 꿈
갈매기만 아는 말

들국화

들국화 섬짓섬짓 가을바람에
옷깃 다둑이며 하늘을 보네
오랜 정 다 여의고 외로이 서서
무심한 바람결에 마음 조이네

이 밤도 깊은 하늘 반짝이는 별
조용히 바라보며 이슬에 젖네
오랜 정 다 여의고 외로이 서서
저무는 가을빛을 지켜만 보네.

내 마음

꽃잎은 바람에 지고
바람은 달빛에 진다
달빛은 물 위에 지고
물결은 내 마음에 진다

봄처녀

비가 온다 봄비
가만히 나직하게 차분차분 내린다
우산을 쓰고 봄비 오는 마당을 거닐어
나뭇가지 마다 들여다 본다
제일 먼저 매화꽃 봉오리가
병아리 주둥이만큼 예쁘게 뾰족 나왔다
라일락 봉오리는 어린 젖꼭지 같고
생강나무 꽃망울도 터질 것 같다
아침엔 감나무 묘목을 심었는데
저녁 안개 산 기슭을 채우며
그윽한 봄비는 천수보살님의 손길 같다
세상은 어지럽고 도시는 삭막하지만
상처난 어머니 병드신 대지의 품으로
파고드는 봄비의 효성만큼 눈물 겨운
이 봄의 저녁
온 가슴마다 눈동자 마다
차분차분 내려라 봄비
이 비 그치면 꽃망울 터지게
마음마다 봄처녀 되도록‥‥

한가위

참기름
송편 콧잔등에 질펀하고
솔잎 냄새 성근 마을
지지미 기장떡
깨물면 자그르 부서지는 밤알이
통통 익어가는 부뚜막 위엔
부산한 여인네의 치맛바람 흔하다
옆 뒷집 바우네 언년네
차례 상다리 먼지 털면
오랑조랑 작은 년놈들
대초알 주부러 모여들고
성묘 가는 길에
향내 가득타.

최선의 공양

풀이건 나무건 모두 모두
말 못할 그리움을 안고 있구나
가슴에 조용히 보듬었다가
어느날 꽃으로 피어 오르는구나
자기만의 향기와 꿀을 지니고
최선의 공양을 베푸는구나
풀이건 나무건 모두 모두

풀벌레

풀벌레 소리
들리지 않니?
별이
보이지 않니?
너는
하느님을
듣고 있는 거야
보고 있는 거야.

별 맞춤

당신이
계시군요
제가
있군요
제가 있군요
당신이 계시군요

큰 별 하나
작은 별 하나
바라 보는
밤

영원한 초록

바람이 분다
그 바람을 가르고
또 다른 바람으로
새가 난다
꽃이 핀다
피는 꽃 더불어
마음이 피어오른다
찬란한 오월의 신록 속으로
봄비 잦아들고
비바람 가르며 새가 날면
나는 스스로 오월인 것이다
이 순간 그대로
영원한 초록인 것이다
그물에 걸림없는
바람같이…….

뻐꾹새 소리

님은 가네 먼 나라로 떠나네
이별을 아쉬워 하던 숲속에선
뻐꾹새가 울었지
하염없이 울었지
세월이 흘러 흘러
나는 다시 돌아오고
그대는 떠났네 올수없는 곳으로
지금도 뻐꾹샌 숲에서 우네
하염없이 우네
네가 뻐꾹샌가 그 소리 듣고있는
내가 뻐꾹샌가?
천지엔 초여름 뻐꾹새 소리
님은 어디에
계시온가?
여운만 남기시고……
아! 그리운
뻐꾹새 소리

어머니

저만치 미소꽃 피우시는 어머니
소리 없으셔도
말씀 없으셔도
봄볕처럼 살며시
언제 다사로이 손길 펴셨는가?
해마다 봄이면 봄으로
또 가을이면 가을로
아침 노을 저녁 놀
초록과 단풍으로
어머니 그 눈길
부드럽고 가득하옵니다
저 또한 '어머니, 하고 부르지 아니하옵고
아버지보다 더 긴 수염에
한복 입고 농사 짓고
충만한 비움으로 좋은 나날입니다
오롯한 연분홍 매무새 여미옵고
깊이 모를 고요한 미소로 어머니 여일하시니
저희 또한 대자대비로 마냥 함께 하옵니다
산에도 언덕에도 마당에도 텃밭에도
봄볕 가득하옵니다
소리 없으셔도
말씀 없으셔도‥‥

옛 꽃터

그러니까 작년 가을
나는 너의 엄마를 보았지
이렇게 너 같이 푸른빛 꽃잎이
바람에 쓸쓸해 보였어 바로 이 자리
넌 엄마를 모르지?
허지만 난 바로 이 자리
옛 꽃 터에서 너의 엄마를 보았지
너처럼 작고 가냘픈 몸매였어
널랑은 꼭 엄마를 닮았어
어찌도 이리 꼭 닮았구나
수줍디 수줍은 부끄런 볼이며
그래도 말없이 다문 입술
엄마가 하듯이
갈바람에 손짓해 보이는 녹색의 잎새며……
엄마는 널 까만 봉지 속에
돌도리 말아서 꽃 터에 뿌렸다
그래서 넌 겨울이 추운 줄 몰랐을 거야
차운 눈발이 바로 머리 흙 위에 있어도
넌 아무것도 모르는 병아리 같았지
달걀 속의 병아리 말이다
이제 봄볕에 녹은 눈은
개천에 버들강아지를 내며 흐르고

너도 진달래랑 나리랑 가지가지 풀 틈에 끼어
가변 머리를 들었지. 그쟈?
그래서 따가운 땡볕이 무거운 철에도
넌 땀 흘려 봉오리를 만들고
그예
하늘엔 갈바람 구름을 헤적거리는 철에
이내 꽃을 피웠지 뭐냐
바로 옛 꽃터
엄미기 비선발로 섰던 그 자리에
그래도 넌 아가가 아니지
까만 건 네 엄마가 만드시던 똑같은 봉지가 아냐?
그러니 이곳은 다시 옛 꽃 터가 될 거야
그래서 옛 꽃터에서 난 다시 아가를 볼 거야
그건 아마도
꼭 널 닮았을 게야.

—1967년

시집살이 노래

오매 친정집 그리웁네
해지는 석양에 더 그립네

어매야 내 손이 곱다시며
봉선화 물빛이 좋다시더니
트고 갈라진 손등을 쓸며
눈물같은 설움의 시집이외다

긴 댕기 머리 끝에 치렁거려
꼬리치마 두르던 부끄러움이
먼 봄날 이랑의 아지랑 처럼
피어서 흩어지는 한숨이사와
안촌네 장닭이 홰를 쳐 울면
그 소리 노여워 같이 우외다

어린 날 개울가에 빨래를 가면
언년아 속곳일랑 날 달라시던
어머이 연정에 시울이 겨워
초승달 우러르며 느껴 웁니다

아바신 생신에도 나물이 좋아
도라지 씀바귀 캐다가 건져
식초에 양념일랑 그리 없어도
잡숫는 모습이 하냥 마음에 기꺼
도라지꽃 뒷산에 피는 날이면

꽃 보며 눈물져 그리더이다

오매 친정집 그리웁네
해지는 석양에 더 그립네

나비

하늘이 푸를 땐
어린이의 꿈같이 푸른 하늘
노랑나비 날개에 꿈을 실어
낯모를 마을에 보내고파서

햇빛도 맑은 마을에
뜨락엔 백일홍도 가득이 피고
메밀꽃 또한 곱게 피는 마을에 가면
늦여름 서늘바람 불어올 때쯤
뒤뜰엔 한 아이가 울고 있을지도 몰라
너는 왜 울고 있느냐고
이리도 조용한 곳에서 왜 우느냐고
묻는 나를 본 아이의 눈망울엔
한 방울 맺힌 이슬이 햇빛에 빛나고
'아! 난 노랑나비가 갖고파' 하며
손대어 나를 잡으려 할지도 몰라
'허지만 나는 항상 너와 함께 있을 순 없단다'
미소와 함께 애수에 잠긴 말 한마딜 남기곤
산들 부는 바람에 실려
콩꽃이 아담스러운 울타리 너머로 날아가면
너는 멍청히 하늘만 바라볼지도 몰라

벌겋게 익은 호박이 햇볕에 목욕하고 있을 때
울다 지친 매음이도 지냥떠는 가락을 엿느리고
수풀도 말라진 뒷산엔 바구니 들고 올 처녀를 위해
정성스러이 단장한 솔잎도 푸르니
아! 밤이면 이따금 이슬도 차가웁게 내린다
벼 이삭 고개 숙여 흐느끼고
고추도 하도 울어 샛붉은 눈물 눈물……
나도 가야 되잖니?
아이야
내, 울던 너의 울음 그쳤을지라도
나의 설움 너는 위로하지 못할 거야
미소와 함께 애수에 젖은 말 한마딜 남기곤
나도 가야 했으니 말이야
이제 꽃들은 빨갛고 노랗고
이렇게 예쁘지는 않단다
알알이 부푼 씨앗 속에
모든 것을 감추고 있으니까

"산들바람에 한들 춤추는 멋진 나의 춤도
이젠 꽃들마저 사랑을 잃었으니
북풍에 휩쓸려 몹시도 추위에 떨고 울며 간 후에

날 부르는 소리는 영영 없으리니
내 멋지게 맴돌던 하늘엔
회오리바람에 흩날리는 모래뿐이런다"

어린이의 꿈같이 푸른 하늘엔
날아가는 나비의 모습이 작아져갔다.

—1966년

길가에 핀 꽃

저를 꺾어가 주세요
그리고 당신의 창 앞에 꽂아주세요
저는 당신을 위하여 예쁘게 웃음 지으려니까요

아니야요
당신은 그 사랑의 미소를 지으며
길가에 핀 한 송이 꽃으로 있어야 합니다
오가는 행인의
안식과 기쁨이 되어야 합니다
그러면 내 또한
먼 곳의 바람을 보내어
당신의 웃음 짓는 얼굴을 쓰다듬으려니까요
당신은 그 사랑의 미소를 지으며
길가에 핀 한 송이 꽃으로 있어야 합니다

저를 꺾어가 주세요
그리고 당신의 창 앞에 꽂아주세요
저는 당신을 위하여 예쁘게 웃음 지으려니까요
아니야요
당신은
길가에 핀 한 송이 꽃으로 있어야 합니다.

—1966년

엄마의 마음은

엄마의 손등이 거칠어지고
모진 일로 수고로써 고달파져도
옥 같은 아가의 고사리손은
엄마의 마음속에 기쁨을 준다

엄마는 낡은 옷을 떨어진 옷을
기워서 입으시고 빨아 입어도
아가에겐 때때옷을 입혀주시면
엄마의 마음속엔 웃음이 진다

아가 얼굴에 핀 귀여운 꽃은
엄마가 정성드려 심어주신 꽃
아가의 앵두 같이 고운 두 볼은
엄마가 가꿔주신 사랑의 열매

멀리서 아가 얼굴 바라다보고
가까이서 아가 볼에 뽀뽀해 봐도
귀엽고 귀여운 건 아가의 웃음
보아도 보고픈 건 아가의 얼굴

엄마의 이마엔 주름이 늘고
아가의 나이만큼 금 그어져도
엄마는 기쁘단다 행복하단다
아가가 자라니까 주름살만큼.

　　—1966년

마음이

마음이
파도치는 물결이라면
평화의 갈매기 하나 물 위에 날고

마음이
장미꽃의 향기라면
꽃 찾아 나비는 춤을 추겠지

마음이
수정 같은 하늘이라면
구름은 이불처럼 나를 감싸고

마음이
꽃잎처럼 부드럽다면
웃음 진 얼굴은 나를 보겠지.

―1965년

할머니 무덤

푸른 솔잎새에 바람은 차고
잡초 부딪는 소리 다옥한 수풀
잔디 덮인 무덤은 할머니 산소
날 업어 기르시던 할머니 무덤

아침 찬이슬에 발등은 젖고
외로이 서성이는 맘 울먹여질 때
할머니의 구수한 정이 그리워
말없이 두 손 모아 기도 드린다.

—1965년

우리 집

콩 넝쿨
호박 넝쿨
울타리가 예쁘다

초가
지붕 위엔
달님 만한 박이 있고

미루나무
꼭대기엔
매미 소리 시원한데

빠알간
고추 잠자리가
늦잠을 잔다

시원한
바람 결에
아가는 잠이 들고

졸린듯
들려오는
빨래 방망이 소리

조용한
초가집 위엔
예쁜 해가 비친다

기도

주여,
당신께 사랑과 미소를 드립니다
오늘은 주의 날이니 주 위해 살겠습니다
성인 사제가 되려는 단 하나의 목적에
모든 저의 생명과 영신과 시간을 걸었습니다
항상 최고의 희망이 저의 앞에 있으며
최대의 행복과 보람이 제 길에 펼쳐져 있습니다
저는 너무 약하지만 당신께 의지하면
아무 무서운 것도 강한 것도 제겐 없겠나이다
당신을 잊었을 때 전 죽은 것이요,
당신 없이 그 누구를 사랑할 때 전 멸망할 것이오니
오직 당신과 함께 있으며
당신을 사랑하며 그 사랑 안에서 모든 영혼을 사랑하면
전 천국의 소유자며 사랑의 정복자가 되겠나이다
오늘 겸손하고 순명하고 신부된 후 특히 고해성사를
매우 기꺼이 언제나 누구에게나 어느 때나 즐겨줄 것이며
항상 양순할 것을 약속합니다
오늘은 주께서 강복하신 날이니
기쁨과 평화가 계속될 것이며
입가엔 거짓 없는 미소가 흐르게 해 주십시오

나의 전 생명은 당신이요,
나의 죽음은 당신 없음이니
언제나 당신의 품에 안겨 영원히 살겠나이다. 아멘.

―1967년